Was ist Offenbarung?

Analyse und Diskussion der Konzepte
von Karl Barth und Karl Rahner

von

Matthias Fischer

Tectum Verlag
Marburg 2003

Fischer, Matthias:
Was ist Offenbarung?
Analyse und Diskussion der Konzepte
von Karl Barth und Karl Rahner.
/ von Matthias Fischer
- Marburg : Tectum Verlag, 2003
ISBN 978-3-8288-8531-8

© Tectum Verlag

Tectum Verlag
Marburg 2003

Inhaltsverzeichnis

Einleitung 7
   I. Einführung in die Problemstellung 7
   II. Nähere Darstellung 9

A. Karl Barth 23
   I. Kurzer Überblick 23
   II. Offenbarung als absolute Wirklichkeit Gottes 31
   III. Theologie: Das trinitarische Sein als absolute Wirklichkeit
      Gottes 34
      1. Gott der Vater 37
      2. Christologie: Gott der Sohn 38
         a) Jesus Christus: Wahrer Gott und wahrer Mensch? 39
         b) Die Inkarnation als Voraussetzung wahren Menschseins 43
   III. Christologie und Anthropologie: Die Ausrichtung des
      Menschen in seiner raumzeitlich bedingten Existenz auf die
      göttliche Wahrheit und Wirklichkeit in Jesus Christus 45
      1. Mitmensch-Jesu-Sein als ontologische Bestimmung
         des Menschen 45
      2. Die Geschichte Jesu Christi und Geschichte der Menschen 46
      3. Die Heiligung als eschatologisch wahres Menschsein 48
      4. Pneumatologie: Das Ausgerichtetsein des Menschen auf Jesus
         Christus durch Gott den Geist 50
      5. Der Mensch als Subjekt in seiner raumzeitlichen Bedingtheit 52
   IV. Die Unbeeinflußbarkeit der göttlichen Offenbarung und die
      Wichtigkeit des Menschen als Subjekt – ein Paradoxon? 55
   V. Zusammenfassung und Fazit 58

B. Karl Rahner 64
   I. Kurzer Überblick 64
   II. Anthropologie: Die transzendentale Erfahrung des Menschen
      als grundsätzliche Offenheit für die absolute Wahrheit und
      Wirklichkeit Gottes 70

1. Gegenstandserkenntnis als Erfahrung der wesensmäßigen Offenheit des Menschen 74
2. Pneumatologie: Geist- und Gotteserfahrung in der Selbsterfahrung 77
   Exkurs: Die Kritik Eberhard Simons an der Transzendentaltheologie Rahners und ihre Beurteilung 78
   a) Geisterfahrung in der Selbsterfahrung 84
   b) Gnadenerfahrung als Gotteserfahrung in der Selbsterfahrung: Das „übernatürliche Existential" des Menschen 88
3. Christologie: Transzendentale Christologie bzw. „Suchende Christologie" als wahres Menschsein 92

III. Theologie: „Ökonomische" und „immanente" Trinität als transzendentale bzw. kategoriale Offenbarung Gottes 97
2. „Immanente" Trinität und „transzendentale Christologie" und wahres Menschsein 101

IV. Zusammenfassung und Fazit 108

C. Glaube, Erfahrung und Offenbarung – ein Lösungsvorschlag 117

I. Problemlage 117
II. Offenbarung, Erfahrung und göttliche Wahrheit und Wirklichkeit 121
   1. Offenbarung 121
   2. Erfahrung 126
   3. Religiöse Offenbarung 134
      a) Religiöse Offenbarung allgemein 134
      b) Christliche Offenbarung 138
III. Glaube und göttlich Wahrheit und Wirklichkeit 146
IV. Handeln als Ausdruck von Glaube an Offenbarung 149
V. Zusammenfassung und Fazit 153

Literatur **159**

Einleitung

I. Einführung in die Problemstellung

Was ist Offenbarung? Offenbarung hat im umgangssprachlichen Verständnis immer mit etwas Neuem zu tun. Dem Menschen wird in seinem alltäglichem Handeln bzw. in seinen alltäglichen Erfahrungen etwas zuteil, das er vorher noch nicht kannte bzw. dessen er sich vorher noch nicht bewußt war. Es wird eine unerwartete Entdeckung gemacht, die nicht voraussehbar war und somit den bis zu diesem Punkt gemachten Erfahrungshorizont „aufreißt". So sagt beispielsweise ein Engländer „What a revelation!" („Was für eine Offenbarung!") und meint damit ähnliches wie „Es fiel mir wie Schuppen von den Augen", „Mir kam eine Erleuchtung" oder „Jetzt geht mir ein Licht auf". Alle diese Sätze bedeuten das Eindringen von bisher noch nicht Ge- bzw. Bewußtem in das menschliche Leben. Es ist jeweils das passive Einbezogensein des Menschen, das das Eindringen von etwas Neuem und Unerwartetem aus der bisherigen Erfahrung nicht Ableitbarem, ausdrückt. Dieses Neue kommt von außen und dringt in die menschliche Existenz, die aus der Lebenswelt (die Welt, in der der Mensch seine Erfahrungen macht bzw. seine Erkenntnisse erlangt) des Menschen besteht, ein und wird darin dann in der Lebenswelt selbst „weiterverarbeitet". Die Wirklichkeit, in der der Mensch lebt, zeigt sich ihm als Folge in einem neuem Licht[1], oder anders ausgedrückt, der Mensch sieht sich etwas Neuem gegenüber.

---

[1] Vgl. zu diesem Verständnis von Offenbarung Herms, Eilert, Offenbarung und Glaube. Zur Bildung des christlichen Lebens, Tübingen 1992, 175ff., wo er die Verwendung des Begriffs „Offenbarung" in der alltäglichen Umgangssprache beschreibt.

Offenbarung, im heutigen religiösen Verständnis[2] hingegen, hat immer etwas mit Gott zu tun. In diesem Zusammenhang bilden folgende Stichwörter in dieser Arbeit einen untrennbaren Komplex: göttliche Wahrheit und Wirklichkeit (=Gott) als Ursprung – verdanktes Sein des Menschen - göttliche Ebenbildlichkeit des Menschen - Sollen des Menschen göttliche Offenbarung in Jesus Christus - Selbstverständnis des Menschen.

Gott ist der Ursprung von allem, der Schöpfer. Der Mensch hingegen erfährt sich als plötzlich aktual in der Welt existierend, d.h. er erfährt sein Dasein als Geschenk. Aufgrund seines geschenkten Daseins, das den die menschliche Existenz konstituierenden Moment darstellt, erkennt der Mensch, daß sein Selbst, das er nur aufgrund seiner aktualen Existenz besitzen kann, ebenfalls durch Gott konstituiert sein muß. Das Selbstverständnis des Menschen gründet in seiner Gottebenbildlichkeit. Diese Ebenbildlichkeit besagt die Anerkennung des Selbst anderer Menschen, die aufgrund der Ebenbildlichkeit den gleichen intrinsischen Wert besitzen. Das impliziert ein dem Menschen aufgetragenes, seinem geschenkten Sein und Selbst gerechtwerdendes Sollen. Somit wird dem Menschen durch sein geschenktes Sein und Selbst, das er einer größeren Macht als seiner eigenen verdankt, ein dieser größeren Macht entsprechendes Handeln aufgetragen, das seiner göttlichen Ebenbildlichkeit entspricht. Sein, Selbst und Sollen haben folglich denselben Ausgangspunkt: Gott bzw. die göttliche Wahrheit und Wirklichkeit.[3] Sein Selbstverständnis und das daraus resultie-

---

[2] „Offenbarung" als *terminus technicus* für den Ursprung der christlichen Gottesgewißheit, aber auch der menschlichen Selbstgewißheit (und letztendlich der menschlichen Selbsterkenntnis), gehört erst der späteren Reflexionssprache an und entwickelte sich seit der hochmittelalterlichen Scholastik (siehe dazu Herms, Eilert, Offenbarung (V. Theologiegeschichte und Dogmatik), in: TRE, Bd. 25, Berlin (u.a.) 1995, 146-210, hier 146f.).

[3] Die Begriffe der göttlichen Wahrheit und Wirklichkeit besitzen in diesem Zusammenhang eine sehr ähnliche Bedeutung. Beide stellen die Bedingung der Möglichkeit dar, überhaupt von menschlicher Existenz sprechen zu können. Nur aufgrund einer wie auch immer angenommenen Wirklichkeit und Wahrheit kann der Mensch sich selbst als Menschen erkennen und entsprechend seinem Menschenbild handeln. Dieser angenommenen Wahrheit und Wirklichkeit muß aber eine Wahrheit und Wirklichkeit vorausgehen, die für verschiedene Menschengruppen verschiedene Wahrheiten und Wirklichkeiten in sich kohärent sein läßt, gleichzeitig aber diese Kohärenz in al-

rende Sollen, muß dem Menschen im Gegensatz zu seinem Sein, das seine raumzeitliche Existenz begründet, jedoch vor Augen geführt werden, da er immer ein in der Geschichte mit anderen Menschen Handelnder ist, der dieses Handeln mit seinem Selbstverständnis in Einklang zu bringen versucht. Das Handeln entspricht dann dem wahren Selbstverständnis, als wahres Menschsein nach der Gottebenbildlichkeit. Genau das ist aber der Zusammenhang, der dem Menschen in der Geschichte offenbart werden muß, weil es ihn in seinem Dasein, in seinem Leben betrifft.

Gott offenbart den Zusammenhang von Sein-Sollen-Selbst in der Geschichte (als der raumzeitlichen Bedingtheit, in der der Mensch lebt) durch Jesus Christus. Durch ihn kann der Mensch sein wahres Selbst erkennen und das seinem Ursprung (der Gottebenbildlichkeit) entsprechende Sollen. Das Sollen trifft durch die göttliche Offenbarung in Jesus Christus von außerhalb auf die menschliche Existenz, muß aber im Gegensatz zum Sein, das der Grund des Daseins ist, im individuellen Dasein des Menschen selbst erkannt werden können. Es *muß* deswegen erkannt werden, weil der Mensch, wie bereits weiter oben erwähnt, sich *immer* in einer gewissen Art handelnd mit seiner Um- und Mitwelt auseinandersetzt.

II. Nähere Darstellung

Im religiösen Verständnis muß der Begriff der Offenbarung mit Gott in Verbindung gebracht werden: Gott offenbart sich dem Menschen, der ihn von sich aus nicht erkennen kann. Er zeigt sich dem Menschen in seiner Vollkommenheit als der viel Größere (qualitativ, nicht quantitativ!), der dem Menschen etwas bisher noch nicht Erkanntes (da noch nie Erfahrenes) bewußt werden läßt. Dementsprechend ist das Verhältnis von göttlicher Offenbarung und menschlicher Erfahrung ein irreflexives und asymmetrisches, da Gott in seiner ihn offenbarenden Selbstmitteilung freiheitlich handelt. „The revelation of God",

---

len menschlichen Systemen gewährleistet (vgl. dazu Herms, ebd., 273-298 und 319-342).

schreibt Schwöbel „is therefore for its recipient completely contingent and cannot be derived or deduced from any antecedent conditions established in another context."[4]

Es stellt sich an dieser Stelle jedoch die Frage, was Offenbarung mit dem menschlichen Leben zu tun hat? Muß der Mensch Gott überhaupt erkennen können? Reicht die Welt allein nicht aus? Braucht der Mensch etwas Weltjenseitiges, Transzendentes für sein Leben, um sein Leben und somit sich selbst besser verstehen zu können, und muß dieses Transzendente notwendigerweise Gott sein? Genügt es dem Menschen nicht vielmehr, sich auf den Horizont seines eigenen Selbst- und Weltverständnisses zu beziehen, um den „Sinn" des Lebens und folglich sein Menschsein zu verstehen? Ist der Mensch nicht sein eigener Herr und kann sein Menschsein selbst bestimmen? Macht sich der Mensch letztendlich nicht selbst zum Menschen?

Die Bejahung dieser Fragen würde bedeuten, daß der Mensch aufgrund einer eigens vorgenommenen Daseinsanalyse sein Wesen vollkommen erfahren und erfassen kann. Eine solche Daseinsanalyse kann jedoch nur durch das Reflexionsvermögen des eigenen Selbst vorgenommen werden, das sich dabei selbst konstituieren müßte. Folglich wäre das menschliche Selbst die Summe seiner reflektierten Erfahrungen mit seiner Umwelt. Es würde sich folglich selbst konstituieren. Sein, im Sinne von Dasein bzw. existentiellem Sein, käme dem Menschen aufgrund seiner Geburt zu.

Das Selbstverständnis des Menschen findet im Sollen seinen Ausdruck. Sollen, im Sinne von Entwicklung des eigenen individuellen menschlichen Wesens, bedeutet den handelnden Umgang mit der eigenen Um- und Mitwelt. Dabei ist zu sagen, daß das Selbstverständnis *immer* bestimmtes Handeln hervorbringt, das *immer* mit der Um- und Mitwelt in Verbindung steht.[5] Durch ein eigens konstruiertes Selbstverständnis könnte der Mensch dieses Sollen nach eigenen Zielvorstellungen (und Wertvorstellungen) entwickeln. Der Mensch wäre

---

[4] Schwöbel, Christoph, God: Action and Revelation (Studies in Philosophical Theology, no. 3), Kampen 1992, 87.

[5] Selbst ein Mensch, der sich dem kontemplativen Leben verschrieben hat, drückt dadurch ein bestimmtes Handeln aus, z.B. das des eremitischen Daseins, das dadurch mit der Mitwelt in Verbindung steht, daß es den Kontakt zu dieser Mitwelt versucht zu meiden.

Ausgangs- und Zielpunkt seines eigenen Menschseins. Offenbarung, die auf den Menschen von außerhalb seines eigenen Machtbereichs treffen würde, wäre für ihn und sein Selbstverständnis ohne Bedeutung. Doch ist der Mensch tatsächlich so frei in seiner Selbstbestimmung? Ist der Mensch in seinem Sein und Sollen einzig von seinem eigenen Ich abhängig? Ist, als letzte Konsequenz, Menschsein, als eine Verbindung von Sein und Sollen, subjektiv und damit relativ? Die stetige Verwendung des Konjunktivs läßt erahnen, daß dem nicht in diesem Maße zugestimmt werden kann.

Es hat den Anschein, daß der Mensch in einer ersten Analyse seiner Existenz zwar sein Sollen bestimmen kann, jedoch nicht sein Sein. Er verdankt sein Dasein nicht seiner eigenen Entscheidung, sondern er beginnt vielmehr ohne jeglichen eigenen Einfluß in der Welt zu leben.[6] Folglich liegt der Ausgangspunkt, von dem aus der Mensch eine Daseinsanalyse vornehmen könnte, nicht im menschlichen Ermessen selbst. Der Mensch muß, selbst wenn er weiterhin auf seine Eigenbestimmung des Sollens besteht, doch anerkennen, daß er sein Sein nicht sich selbst verdankt. Zu seinem Sollen und dem eigens gewählten Selbstverständnis bzw. der eigens gesetzten Zielsetzung seiner Existenz, „steht der Mensch ausschließlich in der Relation des verdankten Seins und damit des Empfangens, nicht aber des Habens und Verfügenkönnens".[7] Seine individuelle menschliche Existenz, d.h. sein personales Menschsein in seiner Einzigartigkeit, hat der Mensch empfangen.[8] Er hat sie nicht selbst erschaffen, sondern er ist abhängig von einem „ontologischen Prä".

Wenn jedoch der Mensch sein Sollen nur im Hinblick auf sein empfangenes Sein erfahren kann, und wenn er ein Selbstverständnis

---

[6] Es soll hierbei nicht auf die Problematik des Beginns von Leben eingegangen werden. Da in dieser Arbeit u.a. jedoch der Zusammenhang von Sein-Sollen-Selbst, der in der Gottebenbildlichkeit gegründet ist, thematisiert wird, wird als Lebensbeginn die Verschmelzung von Ei- und Samenzelle angenommen, die bereits potentielle Gottebenbildlichkeit in sich birgt.

[7] Dalferth, Ingolf U. / Jüngel, Eberhard, Person und Gottebenbildlichkeit, in: CGG, Teilband 24, Freiburg 1981, 57-99, hier 68.

[8] Mit der Einzigartigkeit des Menschen ist hier das in aristotelischem Sinne verstandene „Einzelding" gemeint, das die aktualisierte Verbindung von Stoff- und Formursache meint. Dabei wird vom Autoren dieser Arbeit die

nur aufgrund seines verdankten „In-der-Welt-Seins" erlangen kann, stellt sich die Frage, ob dem menschlichen Sollen und seinem Selbstverständnis nicht auch ein transzendenter, weltjenseitiger Aspekt innewohnt. Mit anderen Worten: Kann der Mensch aufgrund eines ontologischen Prä, das ihn „macht", etwas anderes, nämlich sein eigenes Selbst und „Machen", selbst bestimmen? Kann der Mensch tatsächlich sein Selbstbildnis frei entwerfen, ohne damit im Widerspruch zu seinem ihm geschenkten Dasein zu stehen? Oder ist es nicht vielmehr so, daß zum Selbstverständnis des Menschen ebenfalls etwas außerhalb menschlicher Macht Stehendes gehört, das der Mensch zum Verständnis seines individuellen Selbst braucht?[9] Er besäße zwar sein Sein als Dasein, d.h. er wäre Mensch im aktual existierenden Sinn. Auch wenn er ein transzendentes Sollen seines Menschseins kategorisch ablehnt, ist dennoch zu fragen, ob diesem Menschen nicht etwas Grundsätzliches in seinem Dasein fehlt, dem er sich früher oder später auch bewußt wird, nämlich der Divergenz seines Seins und Sollens bzw. seines Seins und seines Selbstverständnisses. Kann der Mensch aufgrund seines geschenkten Wertes, der ihm durch sein Dasein gegeben ist, von sich aus über den Wert anderer urteilen, ohne daß er an seinem eigenen Selbst Schaden nimmt? Wertet er nicht gleichzeitig mit dem Selbst anderer auch sein eigenes ab, da er damit rechnen muß, daß ihm andere Menschen auch kein eigenes, ihnen gleichwertiges Selbst zusprechen? Es sollte folglich davon ausgegangen werden, daß sich der Mensch nicht selbst als das Maß aller ihn betreffenden Dinge sehen kann, will er sich in seinem Menschsein und dem diesem inhärenten Wert wirklich begreifen.

Warum ist das eigene Ich (bzw. das eigene Selbst) des Menschen nicht das Maß, an dem alles andere, das in einem bestimmten Verhältnis zu diesem Ich steht, gemessen werden kann? Der Grund dafür ist das ursprünglich geschenkte Sein, auf das sich das Ich in seinem Verständnis gründet. Wenn der Mensch sein eigenes Selbstver-

---

Gottebenbildlichkeit als Formursache, die raumzeitliche Bedingtheit als Stoffursache angenommen.

[9] Bezüglich des menschlichen Selbstverständnisses bedeutet das, daß der Mensch nicht nur ein Reflexionsvermögen des eigenen Selbst benötigt, sondern darüber hinaus ist eine transzendentale Reflexion, als Bedingung der Möglichkeit für jegliche Reflexion überhaupt, notwendig.

ständnis nur aufgrund eines Geschenkes erlangen kann, ist er in seinem Menschsein dazu verpflichtet, dieses Geschenk (=das Dasein und die Möglichkeit der Entwicklung des menschlichen Wesens hin zu einem Sollen, dem ein unbeeinflußbarer Wert eines jeden menschlichen Selbst unterliegt) auch bei anderen Menschen zu akzeptieren. Nimmt der Mensch sein eigenes Selbst als Bewertungsmaßstab für andere Menschen, mißachtet er die Gleichwertigkeit aller Menschen, die aufgrund der verdankten Geschöpflichkeit besteht.[10] Das menschliche Sollen und Selbst hat damit durchaus eine transzendente Vorgegebenheit, an der sich das Menschsein eines jeden einzelnen Menschen selbst ausrichten muß, um als wahres Menschsein[11] bezeichnet werden zu können. Diese transzendente Vorgegebenheit ist die Akzeptanz der letztendlichen Gegründetheit des eigenen Selbst in dieser Transzendenz, was die Wertgleichheit von einem anderen Selbst impliziert und in einem bestimmten Handeln (als einem bestimmten Sollen dem Mitmenschen gegenüber) resultiert. Verschiedene menschliche Selbst sind vom gleichen Geschenk des Daseins abhängig. Folglich kann kein Selbst dem anderen überlegen sein, da jedes Selbst einen außerhalb seiner selbst liegenden, es konstituierenden Ausgangspunkt besitzt.

Was hat Gott und die göttliche Offenbarung damit zu tun? Welche Wirkung hat die göttliche Offenbarung auf das Selbstverständnis des Menschen bzw. was wird dem Menschen offenbart? Nach biblischem Verständnis ist Gott der Schöpfer des Menschen (Gen 1, 26). Er schenkt dem Menschen sein Sein. Auch die Bestimmung des Menschen in seinem Menschsein ist von Gott gegeben, indem er den Menschen nach seinem Bild erschafft (Gen 1, 27). Dem Menschen ist in

---

[10] Dabei spielt es keine Rolle, ob in diesem, dem eigenen Selbstverständnis entsprungenen Maßstab, die Gleichwertigkeit als konstituierender Grund vom eigenen Selbst angenommen wird oder nicht. Selbst ein Mensch, der sich dem Altruismus verpflichtet fühlt, nimmt seine eigenen ethischen Vorstellungen als Konstitutionsgrund und nicht seine verdankte Geschöpflichkeit, die auf die Gottebenbildlichkeit als transzendenten Konstitutionsgrund hinweist. Trotzdem kann es durchaus sein, daß in beiden zuletzt genannten Fällen die Handlungen, die daraus resultieren ähnlich sind, der Ausgangspunkt ist es jedoch nicht.

[11] Wahres Menschsein bedeutet auch wirkliches Menschsein; vgl. dazu Anm. 3.

seinem Geschaffensein als Ebenbild Gottes ein bestimmtes Selbstverständnis gegeben und ein bestimmtes Sollen inhärent. Dieses menschliche Selbstverständnis und sein Sollen sind dadurch bedingt, daß *jeder* Mensch nach dem Ebenbild Gottes erschaffen ist. Jeder Mensch hat demzufolge den gleichen intrinsischen Wert. Zu diesem Wert gehört es aber auch zu wissen, daß er allen Menschen in gleichem Maße zukommt, da diese Möglichkeit der Einsicht jedem menschlichen Selbst durch seine Erschaffung nach dem göttlichen Vorbild mitgegeben ist. *Jedes* Selbst ist göttliches Ebenbild, weil jedes Selbst den gleichen, nicht beeinflußbaren Ursprung besitzt. Daraus resultiert dann eben ein bestimmtes, auf der Gottebenbildlichkeit basierendes Sollen, das das menschliche Selbst in seinem raumzeitlichen Dasein bestimmt und es zu seinem wahren Selbstverständnis und damit zu seinem wahren Menschsein führt. Der Mensch kann sich des gleichen Ausgangspunktes seines Seins und Selbst bzw. Sollens bewußt werden, indem er sein Selbst und Sollen unmittelbar als aus seinem Sein resultierend erkennt (Gott hat den Menschen nach seinem *Ebenbild* erschaffen), bzw. umgekehrt, indem er sein Sein unmittelbar aus seinem Selbst und Sollen schließen kann (Gott hat den Menschen nach seinem Ebenbild *erschaffen*). Dieses wahre Selbstverständnis als wahres Menschsein impliziert, bezüglich seines geschenkten Seins, ein adäquates Selbstverständnis und Sollen des Menschen. Es besteht für den Menschen folglich eine ontologische Gleichursprünglichkeit von Sein, Sollen und Selbst.[12]

Das dem Menschen vorgegebene Selbst bzw. Sollen gründet sich auf seiner Gottebenbildlichkeit. Sie transferiert ein bestimmtes Menschsein als wahres Menschsein in die raumzeitliche (und damit menschliche) Existenz, ist dennoch aber kein faktisch ausweisbares Merkmal menschlichen Daseins in Raum und Zeit. Während sich das Sein (nicht der Anfangspunkt des Seins!) des Menschen als faktisch, nämlich geschichtlich, erkennen läßt, drückt sich das Sollen als eine Art Angesprochensein aus. Dieses, der Gottebenbildlichkeit entsprechende, Menschsein ist anhand ausschließlich menschlicher Erfahrung

---

[12] Vgl. Schavan, A. / Welte, B. (Hg.), Person- und Verantwortung. Zur Bedeutung und Begründung von Personalität, Düsseldorf 1980, angeführt in: Dalferth / Jüngel, Person und Gottebenbildlichkeit, 62.

faktisch nicht greifbar, hat jedoch grundlegenden Einfluß auf die raumzeitliche Existenz des Menschen. Es ist als wahres, weil der göttlichen Intention entsprechendes, Menschsein zu bezeichnen. Dabei wird der Mensch von einer Macht außerhalb seiner raumzeitlichen Existenz stehend angesprochen, ohne dieses Angesprochenwerden allein daraus ableiten zu können. Das menschliche Dasein kann zwar faktisch anhand von bestimmten geschichtlichen Gegebenheiten nachgewiesen werden, der Ausgangspunkt dieser faktischen/empirischen Existenz muß jedoch geschichtsjenseitig angesiedelt werden.

Obwohl der Mensch sein Angesprochenwerden nicht ableiten kann, so ist es für ihn trotzdem in seinen Handlungen erfahrbar. Diese Handlungen, die aus dem gerade erwähnten transzendenten Ausgangspunkt menschlicher Existenz resultieren, dürfen ebenfalls nicht ausschließlich menschlicher (und somit empirischer) Definition unterliegen. Das damit bezeichnete Sollen liegt nicht gänzlich in der raumzeitlichen Ebene. Geschichtlich-faktisches Sein, bei dem sich der Mensch als allein in dieser Ebene stehend definiert, kann durchaus ein Sollen hervorbringen, wie die „moralischen Systeme" zeigen (kategorischer Imperativ, Utilitarismus, Altruismus, Emotivismus). Trotzdem können solche Systeme das Sollen, das zum wahren Menschsein (= dem Menschsein nach göttlichem Ebenbild) gehört, nicht erfüllen, da sie letztendlich das jeweils eigene Selbst als Ausgangspunkt ihrer Wertvorstellungen nehmen. Sollen, das zu wahrem Menschsein führt, legt aber die Definition dieses Sollens gerade nicht in das menschliche Subjekt. Der Mensch darf sich nicht, will er sein Menschsein nicht verfehlen, zum Mittelpunkt seines eigenen Verständnisses machen. Es besteht dabei immer die Gefahr, das eigene, selbstentworfene Menschsein auf Kosten anderer realisieren zu wollen, obwohl sich jeder Mensch durchaus bewußt ist, daß er sein je individuelles Mensch*sein* nicht sich selbst verdankt. Es bedarf eines Sinnes für seine eigene Geschöpflichkeit, aufgrund dessen er die spezifische Würde eines jeden einzelnen Menschen begreifen kann. Das Sollen des Menschen ist unbegründbar und gibt ihm den Sinn seines Lebens vor. Das Sollen zieht sich wie ein roter Faden durch das Leben und muß bei jedem Ereignis im Leben neu bedacht werden, ohne nach einem durch das eigene Ich vorgegebene Verfahren arbeiten zu können.

Der Sinn, der sich durch ein solches Handeln ergibt, ist kein statischer. Es ist demnach nicht möglich, ein immer gültiges Sollen, das in einem solchen moralischen System enthalten ist, im menschlichen Leben anzuwenden, um seinem Leben einen Zusammenhalt zu geben. Ein Beispiel soll das eben Gesagte verdeutlichen: es sollen für einen Menschen zwei kategorische Imperative angenommen werden, mit denen er Zusammenhalt und Ordnung in sein Leben bringen will. Erstens: Das menschliche Leben ist zu schützen. Zweitens: Stehlen ist verboten. Dazu folgende Situation: Eine obdachlose Frau, die kein Geld besitzt, leidet unter Hunger. Sie geht in einen Supermarkt und stiehlt einen Laib Brot. Es entsteht für den Urteilenden, auf der Bewertungsgrundlage der immer anzuwendenden (einem statischen Verständnis unterliegenden) Imperative, ein moralisches Dilemma. Ein dem göttlichen Sollen entsprechendes menschliches Handeln kann folglich nur ein dynamisches Verständnis implizieren. Verliert das menschliche Handeln dieses dynamische Verständnis, geht dem Menschen gleichzeitig sein wahres Selbstverständnis verloren, da er sich nicht mehr in seiner raumzeitlich bedingten, menschlichen Geschöpflichkeit versteht. Der Mensch verabsolutiert sein eigenes Selbst, indem er es aus seiner raumzeitlichen bedingten, endlichen Existenz herausnimmt und ihm die Erkenntnis der absoluten Wahrheit zuspricht. Als Folge gelangt er zu einem falschen Selbstverständnis und begreift seine eigene menschliche Macht nicht mehr in der viel umfassenderen göttlichen Macht eingebettet. Er sieht sein Sein nicht als Geschenk dieser Macht. Dementsprechend richtet er sein Sollen nicht auf diese Macht hin aus. Dalferth und Jüngel benennen typische Perversionen des Menschseins, durch die das wahre Menschsein als Sollen verfehlt wird:

„Wann immer der Mensch (...) seine geschöpfliche Sonderstellung zu rücksichtsloser Selbstverwirklichung mißbraucht, verliert er den Sinn für seine eigene Geschöpflichkeit und damit zugleich auch die Einsicht in den Charakter seiner Gottebenbildlichkeit. Er negiert, indem er sich der Schöpfung abstrakt als Herr über alle Kreaturen gegenüberstellt, die Ehre des Schöpfers, die er sich statt dessen selbst anmaßt. Da aber um diese Herrschaftsstellung unter Menschen gestritten wird, begehrt

> das menschliche Ich für sich selbst die Vormachtstellung eines Menschen über andere und erhebt sich so als Individuum über die anderen Individuen seiner Gattung, mißachtet damit aber gerade die Würde auch des anderen Menschen als eines zur Gottebenbildlichkeit bestimmten Geschöpfes Gottes. Die Mißachtung der Güte der Schöpfung, der eigenen Würde als Mensch, der Ehre des Schöpfers und der Würde seiner Mitmenschen – das sind die in mannigfacher Verschränkung auftretenden Grundverfehlungen der Bestimmung des Menschen zur Gottebenbildlichkeit."[13]

Der Mensch ist sich seines geschenkten Seins bewußt und kann sich aufgrund dieses Bewußtseins sein Sollen vor Augen führen, das in der Gottebenbildlichkeit liegt. Nachdem aber bereits festgestellt wurde, daß die Geschöpflichkeit des Menschen sich in seinem faktisch-geschichtlichem Sein ausdrückt, stellt sich nun die Frage, wie das Sollen, das, wie bereits erwähnt, einen transzendenten Ausgangspunkt besitzt, im Sein entdeckt werden kann?

Wie kann der Mensch sein Sollen, das gerade nicht aus dem menschlichen Dasein allein abgeleitet werden kann, erkennen? Kann er als in der Geschichte Lebender, etwas erkennen, das nach biblischem Verständnis außerhalb der Geschichte steht, ja die Geschichte geradezu begründet? Kann der Mensch Gott erkennen und damit auch die Basis seines Menschseins?

An dieser Stelle ist nun auf die anfangs gestellte Frage nach Offenbarung zurückzukommen. Dem Menschen muß sein wahres Menschsein innerhalb seiner in der Welt gemachten Erfahrungen, d.h. geschichtlich, enthüllt werden, ohne daß jedoch diese Enthüllung dem menschlichen Selbst entspringen kann. Eine solche, durch das eigene Selbst konstituierte Offenbarung verkennt das verdankte menschliche Dasein, indem sie das Ich des Menschen in den Mittelpunkt stellt, das von sich aus alles andere konstruieren kann. Wie aber kann das seine Umwelt konstruierende Ich (bzw. Selbst) im Mittelpunkt stehen, wenn

---

[13] Ebd., 72f.

der Anfang und das Ende dieses Konstruierens des menschlichen Ichs, als die konstitutiven Elemente des menschlichen Daseins (und somit allen daraus entspringenden Konstruierens), außerhalb jeglicher Verfügung durch das Ich des Menschen stehen? Das Subjekt, als aktiver Ausgangspunkt von Offenbarung, muß demnach ein die menschliche Macht übersteigendes sein.

Andererseits muß beim Verständnis von Offenbarung aber auch der Mensch in seiner geschichtlichen Existenz in den Blick genommen werden. Es ist nämlich genau dieser Mensch, dem etwas offenbart werden soll. Offenbarung in diesem Verständnis, kann dann auch keine Art Geheimwissen sein, zu dem nur auserwählte Menschen Zugang haben. Vielmehr muß jeder Mensch potentieller Offenbarungsempfänger sein, was soviel heißt, daß er in seiner raumzeitlich bedingten Geschichte angesprochen wird. Ein Angesprochenwerden des Menschen macht nämlich nur Sinn, wenn er es auch „hört". Ansonsten könnte die Gottebenbildlichkeit, als Sollen des Menschen, zwar nach wie vor das Ziel menschlichen Seins darstellen, hätte aber keine Auswirkungen auf das faktisch-aktuale Sein im Sinne von Dasein. Sein und Sollen entsprängen keiner ontologischen Gleichursprünglichkeit. Gott der Schöpfer hätte nichts weiter mit seiner Schöpfung zu tun. Der Mensch wäre sich in seinem geschichtlichen Dasein selbst überlassen und könnte in seinem Egozentrismus letztendlich tun und lassen, was er will, bzw. was er vor dem eigenen Gewissen verantworten kann.[14]

Daß dem nicht so ist, d.h., daß der Mensch in seinem faktisch-aktualen Dasein sehr wohl von Gott angesprochen wird, gründet nach christlichem Verständnis auf der Menschwerdung Gottes in Jesus Christus, von der das gesamte Neue Testament zeugt.
Gott teilt sich den Menschen in Jesus Christus in vollkommener Weise mit. So ist es dann auch Jesus Christus, der den Menschen sagen kann: „Ich bin der Weg und die Wahrheit und das Leben; niemand kommt zum Vater denn durch mich" (Joh 14, 6). Durch Jesus Christus kann der Mensch in seinem Sein sein Selbst und Sollen erkennen und erfahren. In Jesus Christus transferiert die göttliche Macht das dem wahren

---

[14] Es soll an dieser Stelle nicht näher darauf eingegangen werden, ob das Gewissen dem Menschen *a priori* gegeben ist, oder ob es den Bedingungen der Sozialisation unterliegt.

Menschsein entsprechende menschliche Selbstverständnis und das daraus resultierende Sollen in die Geschichte, da in ihm der auf der Gottebenbildlichkeit gründende Zusammenhang von Sein-Sollen-Selbst aktual existiert. Es ist dabei jedoch wichtig, daß neben aller anderen Bedeutung dieses Offenbarungsereignisses auch auf der Historizität bestanden wird. Jesus Christus steht als historischer Jesus von Nazareth genau wie jeder andere Mensch in raumzeitlicher Existenz, ist also geschichtlich erfahrbar. Dadurch wird der Mensch auch wirklich in seiner Endlichkeit und Bedingtheit angesprochen und kann die göttliche Offenbarung „hören". Er kann in Jesus[15] sein wahres Menschsein als Ebenbildlichkeit Gottes erkennen, weil in ihm Gotteserkenntnis und Menschenerkenntnis koinzidieren.[16] In ihm erfährt der Mensch von seinem wahren Selbst. Der Mensch kann sich dieses Selbst nicht von sich aus geben, vielmehr ist es ihm von etwas außerhalb seiner selbst liegend vermittelt. Durch Jesus und sein Handeln wird deutlich, daß das menschliche Selbst von einer viel größeren Macht als der menschlichen konstituiert ist. Jedes menschliche Selbst unterliegt dieser Bedingung, was daran deutlich wird, daß Jesus, wie wir alle, ein Mensch war. In seinem Handeln zeigt sich, daß das fremdvermittelte (nämlich durch Gott vermittelte) Selbst des Menschen sich erst dadurch zum wahren Menschsein hin entwickeln kann, indem es anderen Menschen die Gleichwertigkeit ihres Selbst zugesteht und so auch erst durch andere, als gleichwertig akzeptierte Selbst, das eigene Selbst finden und wahrlich entwickeln kann, was ein nicht in menschlicher Macht liegendes Sollen[17] impliziert. Mit anderen Worten ausgedrückt bedeutet das, daß der Mensch in Jesus zum einen seine geschenkte Geschöpflichkeit bewußt als von Gott stam-

---

[15] Es wird an dieser Stelle und im weiteren Verlauf des Abschnitts nur von Jesus gesprochen, weil zwischen dem historischen Jesus von Nazareth und Jesus als dem Christus des Glaubens unterschieden werden muß, wobei dieser als untrennbar mit dem historischen Jesus in Verbindung steht. Da die genaue Unterscheidung erst im weiteren Verlauf der Arbeit herausgestellt wird, muß zunächst noch die Verwendung dieses ambivalenten Verständnisses bestehen bleiben.

[16] Vgl. Dalferth / Jüngel, Person und Gottebenbildlichkeit, 60f.

[17] Durch die Anerkennung der Fremdkonstitution jedes menschlichen Selbst wird auch das, dieser Anerkennung entsprechende Handeln (=Sollen) des

mend erkennt, indem er sich in seiner menschlichen Macht eingebettet in die umfassendere göttliche Macht erfährt. Zum anderen erkennt er diese göttliche Macht anhand des wahren Menschseins Jesu, der durch ihre Hilfe den Zusammenhang von Sein-Sollen-Selbst als in Gott gründend lebt und dadurch den „roten Faden"[18] im Menschsein aufzeigt. Die göttliche Macht, die den Menschen in seinem Sollen anspricht, bleibt nicht gestaltlos, ahistorisch, sondern begegnet ihm mitten in seinem Sein, nämlich seiner menschlichen Existenz.

Durch die Christusoffenbarung erfährt der Mensch etwas über das Menschsein selbst. Christuserkenntnis bedeutet folglich ebenso Menschenerkenntnis. Die Offenbarung in Jesus Christus ist erfahrbar, da der Mensch in seinem Menschsein, d.h. in der Erkenntnis seines Selbst als etwas Fremdvermitteltes und dem daraus resultierenden Sollen, in seiner faktisch geschichtlichen Existenz angesprochen wird. Offenbarung muß folglich immer etwas mit Geschichte und menschlicher Erfahrung zu tun haben, wie auch bei Waldenfels zu lesen ist: „Der Ort konkreter Einübung der Wahrnehmung von Offenbarung bleibt die Welt, ist nicht zuletzt der Mensch selbst."[19]

Andererseits darf Offenbarung, wie oben schon ausführlicher erläutert, nicht gänzlich in die Geschichte fallen. In Jesus Christus[20] offenbart sich Gott als die umfassendere Macht, der der Mensch sein Sein verdankt. Dieses Sein (im ontologischen nicht interpretativen Sinn), genau wie Gott als dessen Ursprung, kann der Mensch nicht beeinflussen. Ebenso bleibt ihm der Ursprung seines individuellen Seins (nicht des evolutionären Seins!) ein Geheimnis und damit unbegreifbar. Sein und das ontologisch gleichursprüngliche menschliche Selbst und Sollen, als das, was dem Menschen offenbart werden soll,

---

Menschen, stets ein unzureichendes, d.h. immer sich selbst in Frage stellendes, sein müssen.

[18] Der Begriff „roter Faden" ist in etwa dem des „Sinnes" gleichzusetzen, wobei an dieser Stelle keine Diskussion über diesen Begriff in Gang gesetzt werden soll; zur Bedeutung des Begriffs „Sinn" siehe Herms, Offenbarung und Glaube, 372-407.

[19] Waldenfels, Hans, Einführung in die Theologie der Offenbarung, Darmstadt 1996, 6.

[20] An dieser Stelle und im Folgenden liegt der Akzent nicht auf dem historischen Jesus, sondern auf Jesus als dem Christus des Glaubens, was im weiteren Verlauf der Arbeit deutlicher wird.

ist damit immer etwas von außerhalb Kommendes, Unbeeinflußbares. Im wahren Mensch- und wahren Gottsein Jesu Christi decken sich, nach christlichem Verständnis, Sein und Sollen in absoluter Weise. In ihm sind Offenbarung und Erfahrung kohärent. Jesus Christus weiß um die ontologische Gleichursprünglichkeit von menschlichem Selbst und Sollen, d.h. er erfährt den Zusammenhang von Selbst und Sollen als göttliche Wahrheit und Wirklichkeit. Wie kann jedoch von Offenbarung und Erfahrung des Zusammenhangs von Sein-Sollen-Selbst in der aktualen Existenz des Menschen gesprochen werden? Sind bei ihm beide Dinge als strikt voneinander getrennt zu sehen? Kann nur vom, von der Erfahrung ausgehendem, selbstkonstruiertem (und damit niemals der Gottebenbildlichkeit entsprechendem) Zusammenhang von Sollen und Selbst beim Menschen gesprochen werden und, getrennt davon, vom wahren Menschsein Jesu Christi? Oder *muß* nicht vielmehr das wahre Menschsein Jesu Christi Auswirkungen auf das Selbstverständnis und Handeln des Menschen haben? Wenn ja, wie kann dieses wahre Menschsein Christi im Selbstverständnis und Handeln des Menschen in seiner jeweils spezifischen Existenz Ausdruck finden? Kann dann überhaupt von Offenbarung gesprochen werden, da doch nach christlicher Auffassung Jesus Christus der einzige Ort göttlicher Selbstmitteilung ist?

Dieser Frage soll im weiteren Verlauf dieser Arbeit, anhand der offenbarungstheologischen Konzepte zweier der bedeutendsten Theologen des 20. Jahrhunderts, nachgegangen werden: Karl Barth und Karl Rahner. Beide binden ihr Offenbarungsverständnis an Jesus Christus, jedoch in unterschiedlicher Intensität, mit vollkommen unterschiedlichen Ausgangspunkten. Barth beginnt mit der göttlichen Offenbarung in Jesus Christus, die die Wahrheit und Wirklichkeit Gottes aussagt. Rahner hingegen geht zuerst auf die menschliche Erfahrung ein, von der aus auf die göttliche Offenbarung in Jesus Christus geschlossen werden kann.

Im Schlußkapitel wird versucht, aufgrund der als positiv zu bewertenden, herausgearbeiteten Aspekte beider Konzepte, und vor dem Hintergrund des Offenbarungsverständnisses von Eilert Herms und Richard Niebuhr, ein eigenes Konzept zu entwickeln.

A. Karl Barth

I. Kurzer Überblick

Karl Barth stellt als oberste Prämisse die Unbeeinflußbarkeit der göttlichen Offenbarung durch den Menschen an den Anfang seiner Dogmatik bzw. Theologie. Der unbestreitbare Ausgangspunkt ist die göttliche Offenbarung des dreieinigen bzw. dreifaltigen Gottes. Die Trinitätslehre als Lehre von der Dreifaltigkeit bzw. Dreieinigkeit Gottes gilt bei ihm als *die* absolute göttliche Offenbarung, weil sie die Wahrheit und Wirklichkeit Gottes aufzeigt.

Barth geht zunächst von einem Verständnis von Absolutheit (= göttliche Wahrheit und Wirklichkeit in ihrem trinitarischen Sein als eine Art oberstes ontologisches Prinzip) aus, von der er der Meinung ist, daß sie vor jeglicher raumzeitlich bedingter (d.h. geschichtlicher) Erscheinung dieser Absolutheit genannt werden muß. Folglich muß zuerst nach der Absolutheit an sich gefragt werden, bevor deren Eigenschaften (als raumzeitlich bedingte Auswirkungen) näher betrachtet werden können. Den Anfang *muß* die Frage bilden, wer Gott ist, bevor weiterhin gefragt werden kann, was er ist.[21] Wer Gott in seiner Wahrheit und Wirklichkeit (und somit in seiner Absolutheit) ist, kann nicht aus der menschlichen Existenz, die raumzeitlich bedingt ist, abgeleitet werden. Von etwas Beschränktem wie dem menschlichen Dasein kann nicht auf die Absolutheit der göttlichen Wahrheit und Wirklichkeit geschlossen werden.[22] Vom menschlichen Geist gibt es keine

---

[21] Vgl. Karl Barth, Die Kirchliche Dogmatik (KD) I/1. Die Lehre vom Wort Gottes. Prolegomena zur Kirchlichen Dogmatik, Zollikon (u.a.) 6. Aufl. 1952, 317.

[22] Barth stellt damit den Weg der klassischen Erkenntnistheorie praktisch auf den Kopf, indem er nicht, wie z.B. Kant, nach den Bedingungen der Möglichkeit von Erkenntnis im Menschen (als Erkenntnissubjekt) fragt, sondern vom Ursprung jeder überhaupt möglichen Erkenntnis ausgeht, diesen in einer gewissen Weise als Absolutes definiert und somit den induktiven Weg vom Menschen (als ursprüngliches Erkenntnissubjekt) zum Gegenstand der Erkenntnis (in unsrem Fall die absolute göttliche Wahrheit und Wirklichkeit) versperrt. Barth setzt in diesem Punkt, ebenso wie Augustin in seinen

Kontinuität zum göttlichen. Nur Gott in seinem innertrinitarischen Sein ist die absolute Wahrheit und Wirklichkeit, die mit der Frage „Wer ist Gott?" ausgedrückt werden soll. Die Frage „Was ist Gott?" impliziert immer die raumzeitliche Bedingtheit der menschlichen Existenz. Es handelt sich dabei um eine sekundäre Frage, die einen Ausgangspunkt voraussetzt.[23] Der Mensch kann immer nur fragen, was dieser Ausgangspunkt, der alles konstituiert, in seinem Leben bedeutet. Als endliches Wesen kann er ihn niemals an sich erfassen. Dieses An-sich-Erfassen ist aber die Frage nach dem „Wer ist Gott?", die Gott allein in seiner Offenbarung beantworten kann.[24]

Barth nimmt die Lehre vom dreieinigen bzw. dreifaltigen Gott aus der raumzeitlichen Bedingtheit heraus und stellt sie als die absolute Wahrheit und Wirkichkeit jenseits von Raum und Zeit. Folglich bildet die Trinitätslehre den einzig möglichen Ausgangspunkt seiner Dogmatik. Sie stellt das trinitarische Sein Gottes, als höchstes und absolutes Sein, in seiner Wahrheit und Wirklichkeit dar, und befaßt sich mit der außerhalb der menschlichen Macht liegenden göttlichen. Es ist nicht möglich von der menschlichen Macht auf die göttliche zu schließen, vielmehr muß der Mensch die göttliche Macht als gegebenes Faktum hinnehmen.[25]

Barth läßt das menschliche Sein zunächst außen vor, um zu zeigen, daß der Ausgangspunkt jeglichen Seins (= oberstes ontologisches Prinzip bzw. ontologisches Urprinzip) Gott in seiner trinitarischen Wahrheit und Wirklichkeit ist. Erst muß für ihn geklärt sein, wer dieser Ausgangspunkt ist, bevor über das Sein als menschliches Dasein, das eine Hervorbringung des Ausgangspunktes ist, gesprochen werden kann. Mit anderen Worten ausgedrückt: Es kann nicht mit dem raumzeitlich bedingten menschlichen Sein begonnen werden, um von da aus auf das absolute und unbeschränkte göttliche Sein zu schließen. Zuerst muß der Ursprung menschlichen Seins stehen, welche die konstitutive göttliche Macht ist. Danach erst kann die daraus resultierende

---

Confessiones, einen Omniscienz Begriff voraus, der es als problematisch, ja geradezu unmöglich, ansieht, daß ein Mensch aus seiner raumzeitlichen Bedingtheit heraus nach Erkenntnis von göttlicher Absolutheit fragen kann.

[23] Vgl. Barth, KD I/1, 313.
[24] Vgl. ebd., 312.
[25] Vgl. ebd., 202.

konstruierende menschliche Macht besprochen werden. Der Mensch in seinem raumzeitlichen Dasein (= Sein), kann erst sein wahres Selbstverständnis (= Selbst), das zu einem Zielpunkt (= wahres Menschsein, Heiligung) führt, der ihm, genau wie sein Sein, vorgegeben ist (= Gottebenbildlichkeit), erkennen, wenn die Frage beantwortet ist, wer derjenige ist, dem er Ebenbild sein soll. Deswegen darf, nach Meinung Barths, die Dogmatik nicht von Menschen „Gemachtem" (Bibel, Autorität des kirchlichen Lehramts, Religion, usw.) ausgehen, sondern muß zuallererst die Grundlage, auf die hin alles erst möglich ist, ins Auge fassen.[26] Er verhindert damit einen vom Menschen ausgehenden Subjektivismus bzw. Relativismus bezüglich des Offenbarungsursprungs und Inhaltes, indem er, vor allem menschlichen Sein, Sollen und Selbst, Gott als Urheber und Ausgangspunkt von allem setzt.

Wie kann jedoch von Gott in dieser Weise gesprochen werden bzw. wie kann von Gott überhaupt gesprochen werden, wenn das menschliche Dasein noch nicht in den Blick genommen wird? Wie kann der Mensch überhaupt wissen, daß er von der absoluten göttlichen Wahrheit angesprochen wird? Wie kann etwas wie die göttliche Wahrheit *a priori* behauptet werden, wenn doch schon eine solche Behauptung eine bestimmte aposteriorische Erfahrung mit einschließt? Wie kann ich als Mensch über Gott angemessen reden, wenn ich dabei gleichzeitig vor mein eigenes bzw. jegliches Dasein zurückgehen muß? Kann der Mensch nicht nur über etwas sprechen, wofür er Worte bzw. was er schon in seinem Leben erfahren hat? Sein Angesprochenwerden durch die göttliche Offenbarung muß vom ihm gehört werden können, da die durch die Offenbarung vermittelte Gottebenbildlichkeit des Menschen kein faktisch ausweisbares Merkmal menschlichen Daseins in Raum und Zeit ist.[27] Sie betrifft den transzendenten Aspekt des menschlichen Wesens. Wie kann von Gott in trinitarischer Weise gesprochen werden, wenn das göttliche Sein, als alles begründend, außerhalb von Raum und Zeit liegt? Wie kann die

---

[26] Vgl. ebd., 316.
[27] Ein faktisch ausweisbares Merkmal in diesem Zusammenhang wäre z.B. die Definition des Menschen als aufrechtgehendes Säugetier.

göttliche Wahrheit mit dem menschlichen Dasein zusammengebracht werden?

Die Antwort auf all diese Fragen ist in der Menschwerdung Gottes in Jesus Christus (= Wort Gottes) zu finden. In Jesus Christus teilt Gott den Menschen die Wahrheit und alles begründende Wirklichkeit mit. Der Mensch Jesus Christus ist sich seines Selbst und Sollens genauso bewußt wie seines Seins, weil er Anteil an der göttlichen Wahrheit und Wirklichkeit hat und diese, im wahrsten Sinne des Wortes, verkörpert. Diese göttliche Wahrheit und Wirklichkeit besteht im trinitarischen Sein Gottes, als Gott der Vater, Gott der Sohn und Gott der Heilige Geist, die bei Barth die drei göttlichen „Seinsweisen"[28] genannt werden. In der Seinsweise des Sohnes teilt sich Gott den Menschen in Jesus Christus mit und offenbart ihnen die Wahrheit und Wirklichkeit ihres Menschseins.

Barth betont sowohl die Göttlichkeit als auch die Menschlichkeit Jesu Christi in der Menschwerdung des Wortes bzw. Sohnes. Zum einen ist die Menschwerdung des Sohnes das dem Menschen *vorgegebene göttliche Faktum*, zum anderen das *dem Menschen* vorgegebene Faktum. Es soll damit das Angesprochenwerden durch die göttliche Selbstmitteilung, zugleich aber auch deren Hörenkönnen gewährleistet sein. Beides gründet sich auf Gott, weil in Jesus Christus die menschliche Macht durch die göttliche Macht, d.h. seine menschliche Natur durch seine göttliche Natur, umgriffen wird bzw. die göttliche Natur die menschliche „anleitet".[29] Das Menschsein der Menschen wird vom wahren Menschsein Jesu Christi umfaßt.

---

[28] Basierend auf der Definition von Boethius bedeutet Person „ein in sich und für sich existierendes, ein in seinem Existieren von anderen geschiedenes, seine Existenz anderen nicht mitteilen könnendes Wesen, ein Einzelwesen" (Barth, KD I/1, 376). Hierbei besteht die Gefahr eines Tritheismus bzw. die der Annahme eines dreifachen göttlichen Bewußtseins, weswegen Barth den Begriff der „Seinsweise" verwendet, ohne jedoch den Person-Begriff als solchen aufgeben zu wollen. Aber er findet, daß dieser in einen anderen Zusammenhang gehört, nämlich nicht in die Trinitätslehre an sich, sondern als deren Ergebnis, als deren Folgerung, aus der sich ergibt, daß Gott für den Menschen nicht „als unpersönliche Herrschaft, d.h. als Macht, sondern als der Herr, also nicht nur als absoluter Geist, sondern als Person zu verstehen ist" (ebd., 378).

[29] Vgl. Barth, KD IV/2. Die Lehre von der Versöhnung, Zollikon (u.a.) 1955, 129.

Am Menschen Jesus Christus wird deutlich, daß der Mensch sein Selbst von außerhalb seiner selbst geschenkt bekommt und so auf den Weg zum wahren Menschsein gelangt. Erst durch die Anerkennung einer größeren, jedes Selbst bestimmenden, Macht kann das eigene Selbst beginnen wirklicher Mensch zu werden, ausgerichtet nach der göttlichen Ebenbildlichkeit. Dies eben geschieht in Jesus Christus in einmaliger Weise.[30] Dadurch kann es weder zu einem Subjektivismus bzw. Relativismus des menschlichen Angesprochenwerdens, noch des menschlichen Hörens kommen. Barth spricht von der Offenbarung Gottes als Geheimnis. Dem Menschen wird durch Jesus Christus offenbart, daß sein Selbst, ebenso wie seine Existenz als sein Sein im Sinne von Dasein, von Gott gegeben ist. Er kann dieses Geheimnis Gottes durch Jesus Christus kennen, d.h. in seinem raumzeitlich bedingtem Dasein erfahren. Er kann es aber nur kennen, indem er die göttliche Wahrheit und Wirklichkeit, die den Anfang jeglicher Dogmatik bildet und über allem raumzeitlich Existierenden steht, anerkennt, genau wie er sein Sein (als kontingenter Beginn seiner raumzeitlichen Existenz) anerkennen muß, auch wenn er es nicht erklären kann.

Jesus Christus ist Mensch, der das göttliche Geheimnis durch die „Seinsweise" des Sohnes in sich birgt. Er ist „Gott ohne jeden Vorbehalt und Mensch ohne jeden Vorbehalt".[31] Dadurch werden bezüglich der Offenbarung sowohl die Wichtigkeit des göttlicher Ausgangspunktes, als auch die der menschlichen Erfahrung betont. Denn obwohl sie durch ihren göttlichen Ausgangspunkt stets außerhalb von Raum und Zeit steht, dringt sie dennoch in die raumzeitliche Endlichkeit des Menschen vor, umgreift sie und vermittelt ihr den Sinn, bzw. roten Faden[32], ohne sie in ihrer Geschichtlichkeit (und damit raumzeitlichen Bedingtheit) zu zerstören.[33]

Doch zunächst ist von beidem nur beim Menschen Jesus Christus die Rede. Ihm ist wahres Menschsein inhärent, weil er sein Selbst in einmaliger Weise von Gott gegeben weiß. Jesus Christus vereint

---

[30] Vgl. Barth, KD III/1. Die Lehre von der Schöpfung, Zollikon (u.a.) 2. Aufl. 1947, 213 f.
[31] Barth, KD I/2. Die Lehre vom Wort Gottes, Zollikon (u.a) 1945, 144.
[32] Vgl. dazu Anm. 18.

Sein, Sollen und Selbst in einmaliger Weise. Er weiß sein Selbst von Gott dem Sohn herstammend und erfährt so alle anderen menschlichen Selbst auch von Gott kommend. Dadurch ist ihm sein Sollen als Akzeptanz der Wertgleichheit aller menschlicher Selbst bewußt, weil er in besonderer Weise sein eigenes Selbst als allein durch Gott konstituiert erfährt. Wie sieht es aber bei allen anderen Menschen aus? Ist bei ihnen ein ähnliches unmittelbares Zusammen von Sein, Sollen und Selbst möglich?

Diese Frage kann im Falle Barths mit einem klaren „Nein" beantwortet werden. Für ihn besteht diese Unmittelbarkeit der göttlichen Offenbarung nur in Jesus Christus. Ansonsten bestünde die Gefahr der menschlichen Vereinnahmung. Der Mensch könnte sein eigenes Selbst zum Inhalt der Offenbarung machen. Es käme zu einer Art Apotheose (= Vergöttlichung) eines jeden Menschen, was sich nicht mit der göttlichen Transzendenz, die sich im menschlichen Dasein im Sein, Sollen und Selbst des Menschen ausdrückt, vereinbaren läßt. Barth will die göttliche Offenbarung frei von jeglichem menschlichen Subjektivismus, Relativismus und Konstruktivismus halten und sie in ihrer Einzigartigkeit und Endgültigkeit bewahren. Die Offenbarung Gottes in Jesus Christus ist die Offenbarung der absoluten Wahrheit. Die absolute göttliche Wahrheit tritt in Jesus Christus in die Geschichte ein und unterwirft sich der raumzeitlichen Bedingtheit. Dennoch bleibt sie die absolute göttliche Wahrheit, die unveränderlich in der Geschichte ihre ursprüngliche Geltung behält, und deswegen weiterhin als absolut betrachtet werden muß.[34] Jesus Christus steht in seinem, durch die Göttlichkeit des Sohnes verliehenem Selbst über der menschlichen Zeit,[35] d.h. seine Bedeutung als *die* göttliche Offenbarung bleibt absolut durch alle Geschichte und raumzeitliche Bedingtheit bestehen. Deswegen kann auch von der Einzigartigkeit Jesu Christi als *der* göttlichen Offenbarung gesprochen werden. Nur über Jesus Christus allein können die Menschen ihr Sein, Sollen, Selbst und

---

[33] Vgl. ebd., 40.
[34] Vgl. ebd., 64, wo es heißt: „Offenbarung ist nicht ein Prädikat der Geschichte, sondern Geschichte ist ein Prädikat der Offenbarung."
[35] Vgl. Barth KD III/2. Die Lehre von der Schöpfung, Zollikon (u.a.) 1948, 557.

deren Zusammenhang als ihr wahres Menschsein erkennen.[36] In diesem Sinn kann von der Begründung der Anthropologie auf der Christologie gesprochen werden.[37]

Dennoch kann jeder Mensch das Angesprochenwerden durch Gott in Jesus Christus hören, da der Heilige Geist in ihm wirkt. Gott der Geist ist diejenige „Seinsweise" Gottes, die das menschliche Dasein eines jeden einzelnen Menschen mit der Offenbarung verbindet. Es ist deswegen durchaus möglich von menschlicher Erfahrung und göttlicher Offenbarung zu sprechen, da die Erfahrung der Offenbarung durch den Geist ermöglicht wird. Der Heilige Geist jedoch „führt" die menschliche Erfahrung nicht direkt zu Gott, sondern weist zurück auf den Gottmenschen Jesus Christus.[38] Folglich bildet bei Barth die Christusoffenbarung den Dreh- und Angelpunkt bzw. das Zentrum, über das die Offenbarungserfahrung des Menschen im Geist laufen muß. Die Göttlichkeit einer jeden Offenbarung, die ein Mensch in seinem raumzeitlichen Dasein erfahren kann, besteht in der Bedeutung Christi. Folglich kann nur von aus menschlicher Erfahrung resultierender Offenbarungen gesprochen werden, wenn diese raumzeitlich bedingte (und folglich geschichtliche) Erfahrung im Licht der einzigartigen Geschichte *der* göttlichen Offenbarung in Jesus Christus gesehen wird.

Der Mensch wird in seinen Erfahrungen immer mit seinem Sollen konfrontiert, muß dieses Sollen aber immer durch den Heiligen Geist auf die Offenbarung in Jesus Christus zurück projizieren. Der Heilige Geist öffnet in solchen Situationen die „Ohren" des Menschen, der sich dadurch in der einzelnen Situation durch die Offenbarung in Jesus Christus angesprochen weiß. Dabei ist die Wirkung des Geistes in die Christusoffenbarung eingelagert, d.h. von der Konfrontation mit der Offenbarung in Jesus Christus abhängig.

Dem je individuellen menschlichen Dasein wird nicht seine Wichtigkeit und Einzigartigkeit, im Sinne von Gottebenbildlichkeit,

---

[36] Vgl. ebd., 158, wo es heißt: „Die ontologische Bestimmung des Menschen ist darin begründet, daß in der Mitte aller übrigen Menschen Einer der Mensch Jesu ist."
[37] Vgl. Barth, KD III/1. Die Lehre von der Schöpfung, Zollikon 1948, 50.
[38] Vgl. Barth KD IV/4. Das christliche Leben (Fragment). Die Taufe als Begründung des christlichen Lebens, Zürich 1967, 29f.

genommen, wenngleich von beidem nicht in der aktualen menschlichen Existenz gesprochen werden kann, da bei Barth diesbezüglich ein stark eschatologischer Grundton überwiegt. Das hängt vor allem mit seinem Verständnis des Absolutheitsbegriffs zusammen. Da er von *der* absoluten Wahrheit und Wirklichkeit Gottes in seinem trinitarischen Sein ausgeht, was ein eher bezüglich der geschöpflichen Geschichte statisches Wahrheitsverständnis impliziert, kann diese absolute Wahrheit und Wirklichkeit nicht in der raumzeitlichen Bedingtheit des Menschen ihre Erfüllung finden, die letztendlich in der Einzigartigkeit der Gottebenbildlichkeit eins jeden menschlichen Selbst besteht. Nur Jesus Christus, der sein Selbst unmittelbar Gott dem Sohn verdankt, ist die von Gott intendierte Einzigartigkeit (und somit die göttliche Wahrheit und Wirklichkeit) bereits inhärent.[39] Die menschliche Existenz wird in ihm stellvertretend für alle Menschen vor ihr göttliches Gegenüber, dem sie ihr Sein und Selbst verdankt, gestellt.[40] Durch Jesus Christus wird für die Menschen zwar der Zusammenhang von Sollen und Selbst deutlich,[41] jedoch ist auch nur in ihm dieser Zusammenhang bereits Wirklichkeit, im Sinne von Gott intendierter Wirklichkeit (= Ebenbildlichkeit Gottes), da er allein sein Selbst (und somit jedes andere Selbst) ausschließlich von Gott kommend weiß.[42] Dem Menschen in seiner Endlichkeit ist es nur bedingt möglich, die Verbindung von Sollen und Sollen zu erfahren. Er erkennt sein Selbst aufgrund der Existenz eines anderen Selbst und kann daraus auch ein gewisses Sollen ableiten.[43] Aber er kann nicht, wie Jesus Christus, sein Selbst und sein Sollen unmittelbar von Gott kommend begreifen.

---

[39] Vgl. Barth, KD IV/2, 582.
[40] Vgl. Barth, KD III/2, 242f.
[41] Vgl. ebd., 265.
[42] Vgl. ebd., 264f.
[43] Vgl. ebd., 290ff.

II. Offenbarung als absolute Wirklichkeit Gottes

Das Offenbarungsverständnis von Karl Barth ist ein Verständnis, das Offenbarung als „von oben", d.h. von Gott, kommend betrachtet. Offenbarung, Wirklichkeit und Wahrheit Gottes können nicht voneinander getrennt gesehen werden. Gott in seiner Wahrheit und Wirklichkeit steht absolut über allem Geschaffenem und somit raumzeitlich Bedingtem. Folglich ist es nur ihm selbst möglich, seine Wahrheit und Wirklichkeit dem Menschen vor Augen zu führen. Er allein kann das in seiner Aufnahmefähigkeit beschränkte „Ohr" des Menschen für seine absolute Wahrheit und Wirklichkeit „hörend" machen. Der Mensch kann Wahrheit und Wirklichkeit ausschließlich aufgrund dessen erfassen, was er von Gott vorgegeben bekommt, „[b]ecause he is the God who makes himself known, and for no other reason"[44]. Dadurch kann es zu keiner Interpretation dieser Wahrheit durch den Menschen kommen, weil Wahrheit und Wirklichkeit über der menschlichen Existenz stehen, die sich ihrer raumzeitlichen Bedingtheit stets bewußt bleiben muß. Inhalt und Urheber der Offenbarung müssen identisch sein.[45]

Das Absolute kann nicht in das Bedingte „gezwängt" werden, will es weiterhin als absolut gelten. Die Offenbarung der Wahrheit und Wirklichkeit besitzt zwar Wirkung in der menschlichen Existenz, aber diese Wirkung ist die des Absoluten. Der Mensch kann die Wirkung der göttlichen Offenbarung nicht als aus seiner Erfahrung resultierend begreifen, sondern muß sie als immer neu vom Absoluten her kommend verstehen. Gott umgreift den Offenbarungsinhalt und das Offenbarungsgeschehen in vollkommener Weise.[46] Es ist dem Men-

---

[44] Jenson, Robert W., Karl Barth, in: David F. Ford (Ed.), The Modern Theologians. An Introduction to Christian Theology in the Twentieth Century, Oxford 1997, 2. Aufl. 1998, 21-37, hier 29.

[45] Vgl. Herms (Offenbarung und Glaube, 175ff.), der sechs Aspekte bei der Erschließung von Offenbarung unterscheidet (Inhalt, Urheber, Empfänger, situativer Anlaß, leibhafte Einbeziehung und Provokation zu leibhafter Eigenaktivität, Wirkung auf das Personsein des Empfängers), wobei beim religiösen Offenbarungsverständnis Inhalt und Urheber identisch sein müssen.

[46] Vgl. Barth, KD I/1, 312.

schen in keiner Weise möglich die göttliche Wahrheit und Wirklichkeit zu erkennen. Gott ist und bleibt der ganz Andere gegenüber der Bedingtheit der menschlichen Existenz. Die Erkenntniskraft des Menschen reicht nicht aus, um die Absolutheit zu erfassen. Vielmehr muß sich diese für jenen aufschließen, bzw. jener muß für diese aufgeschlossen werden. Gott ist Herr auch über die Erkenntniskraft des Menschen. Die göttliche Wahrheit und Wirklichkeit ist dem Menschen als Faktum vorgegeben und bestimmt ihn in seiner Seins- und Erkenntnisordnung.[47]

Das Faktum, von dem das Menschsein auszugehen hat, ist die Offenbarung Gottes. Das Ereignis der Offenbarung ist ganz von der Wahrheit und Wirklichkeit Gottes durchdrungen, d.h., „Gott ist der, der in diesem Ereignis Subjekt, Prädikat und Objekt ist, der Offenbarer, die Offenbarung, das Offenbarte, Vater, Sohn und Heiliger Geist."[48] In diesem Ereignis behält immer Gott die Oberhand, wodurch die Offenbarung bei Barth strikt an die göttliche Absolutheit gebunden und jeglichem eventuell einfließenden menschlichen Subjektivismus bzw. Relativismus der Boden entzogen wird. Es besteht bei ihm ein absolutes (im wahrsten Sinne des Wortes) Primat der göttlichen Wahrheit und Wirklichkeit vor aller Menschen möglichen Epistemologie. Der Mensch hat auf die Wahrheit und Wirklichkeit, die seiner Existenz zugrunde liegt, keinen Einfluß, auch keinen erkenntnistheoretischen.

Dadurch wird bei Barth zunächst einmal das, in der Einleitung dieser Arbeit beschriebene, verdankte menschliche Sein besonders deutlich, weil der Mensch dieses Sein ebenso als Faktum der absoluten Wahrheit und Wirklichkeit hinnehmen muß, wie es, im Barth'schen Verständnis, mit der göttlichen Offenbarung der Fall ist. Der Mensch wird von der Offenbarung Gottes „getroffen", ebenso wie er sich als kontingent in der Welt existierend vorfindet. Demzufolge muß er zuerst danach fragen, *wer* ihn mit seiner Wahrheit und Wirklichkeit trifft. Denn *daß* er davon getroffen wird, kann ebensowenig

---

[47] Vgl. Bernhardt, Reinhold, Der Absolutheitsanspruch des Christentums. Von der Aufklärung bis zur Pluralistischen Religionstheologie, Gütersloh 1990, 149.

[48] Barth, KD II/1. Die Lehre von Gott, Zollikon (u.a.) 1948, 294.

bezweifelt werden wie sein kontingentes Existieren. Die Frage, *was* dieses Offenbarungsgeschehen bewirkt (= Wirkung), muß entweder, wie gerade erläutert, mit der Absolutheit Gottes selbst in Verbindung gesehen werden, oder es ist eine Frage, die ein Konstitutivum (nämlich den Ausgangs- bzw. Endpunkt dieser Wirkung) benötigt, von dem aus sie überhaupt erst gestellt werden kann. Dieses Konstitutivum selbst kann aber nur etwas Absolutes (nämlich die göttliche Absolutheit) oder etwas von Menschen festgelegtes, d.h. Dynamisches,[49] sein. Wird bei der Wirkung der Offenbarung von etwas Dynamischen ausgegangen, fällt die Frage nach der Wirkung automatisch in die raumzeitlich bedingte Existenz des Menschen.[50] Folglich kann sie immer nur als sekundär bezüglich dem „Wer" der absoluten Wahrheit und Wirklichkeit bezeichnet werden, was jedoch (auch bei Barth!) nicht bedeutet, daß sie unwichtig wäre.

„Die Frage, ‚wer' Gott ist, darf, wenn Klarheit erzielt werden soll, auch ganz sicher nicht gegenüber der anderen, nämlich ob Gott sei und was er sei, zurücktreten, sondern sie ist die erste, grundlegende, alles Weitere bedingende Frage"[51], so schreibt Weber in seiner Einführung zur Kirchlichen Dogmatik Karl Barths. Gott darf bei der Frage nach dem „Wer" nicht einfach mit *dem* Sein gleichgesetzt werden, von dem der Mensch sein Dasein empfangen hat. Er kann nicht auf den rein ontologischen Aspekt reduziert werden, sondern muß auch als die personale Macht gesehen werden,[52] als die er sich selbst in der Tat seiner Offenbarung dem Menschen enthüllt,[53] nämlich als

---

[49] Dynamisch in diesem Zusammenhang bedeutet historisch veränderbar.
[50] Diese Verständnis entspricht dem von Herms. Dieser sieht bei einer religiösen Offenbarung den Inhalt und den Urheber als identisch an, und sieht beides in göttlicher Sphäre liegend. Hingegen ist der Empfänger, der situative Anlaß, die leibhafte Einbezogenheit und die Wirkung eindeutig auf menschlicher Ebene anzusiedeln, da dies alles Aspekte sind, die er auch bei einem alltäglichen, d.h. säkularen, Offenbarungsverständnis vorliegen sieht. Dadurch erhalten diese Punkte automatisch einen bestimmten Begriff von Dynamik (dazu Herms, Offenbarung und Glaube, 175ff.).
[51] Weber, Otto, Karl Barths Kirchliche Dogmatik. Ein einführender Bericht zu den Bänden I/1 bis IV/3,2, Neukirchen-Vluyn, 1950, 9. Aufl. 1981, 22; Barth, KD I/1, 317.
[52] Barth hält am Personen-Begriff als Folgerung aus der Trinitätslehre fest (dazu Anm. 28).
[53] Vgl. Barth, KD II/1, 292.

Subjekt (der Offenbarer), Prädikat (die Offenbarung als Tun) und Objekt (das Offenbarte als Wirkung) des Offenbarungsereignisses[54]. Gott tritt in dem Akt der Offenbarung, in dem er „Du" zum Menschen sagt, diesem als göttliches Ich gegenüber. „Offenbarung ist der *Dei loquentis persona*."[55] Gott ist in diesem Ereignis der einzig Handelnde. In seiner Handlung zeigt er sich als Vater, Sohn und Heiliger Geist.[56] „Dies ist der zunächst bloß anzuzeigende Sachverhalt", so Barth „durch den wir uns angewiesen sehen die Lehre von der Offenbarung mit der Lehre von dem *dreieinigen Gott* zu beginnen."[57]

III. Theologie: Das trinitarische Sein als absolute Wirklichkeit Gottes

Gott ist in seinem trinitarischem Sein absolute Wahrheit und Wirklichkeit und offenbart sich den Menschen als eben diese. Wahrheit, Wirklichkeit, Trinität und Offenbarung bilden somit ein untrennbares Quartett. Dieses Quartett besteht nicht als vom Menschen konstruiertes, sondern kann von ihm nur als vorgegeben erkannt werden, weil es in der göttlichen Absolutheit selbst schon immer inhärent war bzw. ist.

Erst aufgrund der trinitarischen Wirklichkeit Gottes als Vater, Sohn und Heiliger Geist „in sich selber" kann von dieser Wirklichkeit „für uns" gesprochen werden. Gott offenbart seine trinitarische Wirklichkeit. Die göttliche Offenbarung ist „in sich" wahr und wirklich. Sie kann nicht erst durch ein anderes, übergeordnetes Kriterium auf ihre Wahrheit und Wirklichkeit überprüft werden.[58] Woraus sollte dieses Kriterium entspringen, wenn nicht aus dem menschlichen Subjekt selbst? Das genau aber will Barth mit seinem Ansatz verhindern. Er will die Offenbarung Gottes frei von der Vereinnahmung durch den Menschen halten. Das trinitarische Sein Gottes ist das dem Menschen vorgegebene Faktum. Hinter dieses Faktum kann nicht zurückgegan-

---

[54] Vgl. Barth, KD I/1, 312; KD II/1, 294.
[55] Barth, KD I/1, 320.
[56] Vgl. Barth, KD II/1, 294.
[57] Barth, KD I/1, 312.
[58] Vgl. ebd., 322.

gen werden, da dieses göttliche Sein ansonsten „unsachgemäßen Spekulationen"[59] ausgesetzt wäre. Der Mensch *muß* sein Dasein anerkennen, ebenso wie er im Verständnis Barths, den Ursprung allen Daseins als gegeben anerkennen muß. Folglich kann *nur* der Trinität Gottes das erste Wort zugestanden werden, da sie als nicht mehr weiter hinterfragbare Wirklichkeit den absoluten Ausgangspunkt darstellt.[60]

„Gott offenbart sich als der Herr"[61] ist bei Barth als ein analytisches Urteil anzusehen, bei dem das Prädikat des „Herrseins" im Subjekt „Gott" *a priori* enthalten ist. Dieses Faktum impliziert auch das Herrsein des trinitarischen göttlichen Seins über die menschliche Auslegung in Form der Trinitätslehre. Auch die Verschiedenheit, in der sich Gott den Menschen als Vater, Sohn und Geist offenbart, ist von seiner Einheit abhängig, die der Mensch nicht verstandesgemäß umgreifen kann.[62]

Die von der Kirche formulierte Trinitätslehre kann somit nicht als absolut identisch mit dem Satz „Gott offenbart sich als der Herr" gesehen werden. Dieser Satz ist als solcher die absolute Wahrheit und bildet die „Wurzel der Trinitätslehre"[63]. Die ausformulierte Lehre ist, auch bei Barth, „ein Werk der *Kirche*, ein Dokument ihres Verständnisses jenes Satzes bzw. seines Gegenstandes, ein Dokument ihrer Erkenntnis Gottes bzw. ihres Kampfes gegen den Irrtum und für die Sachgemäßheit ihrer Verkündigung, ein Dokument ihrer Theologie und insofern ein Dokument ihres Glaubens und nur insofern, nur indirekt, ein Dokument der Offenbarung selber."[64] Die kirchliche Trinitätslehre ist nicht die Wahrheit und Wirklichkeit Gottes selbst. Sie ist nicht mit der in der Offenbarung inhärenten absoluten Wahrheit und Wirklichkeit Gottes gleichzusetzen, sondern ist vielmehr ein Text des Glaubens an diese Wahrheit und Wirklichkeit, unterliegt also auch raumzeitlicher Bedingtheit. Sie kann „nur" eine Formulierung des Glaubens an diese Wahrheit sein, weil sie sich „durchweg auf Texte

---

[59] Vgl. ebd., 317.
[60] Vgl. ebd.
[61] Ebd. 323.
[62] Vgl. ebd., 324.
[63] Ebd.
[64] Ebd., 325.

des biblischen Offenbarungszeugnisses (bezieht)"[65], d.h. auf Texte, die von Menschen in ihrer raumzeitlichen Bedingtheit, nämlich in einer bestimmten geschichtlichen Situation[66] und „in menschlicher Sprache von Menschen geschriebene[n] Worte"[67], verfaßt wurden. Die biblischen Texte stellen ein Zeugnis von Gottes Offenbarung dar.[68] Darin liegt deren Einschränkung, denn „[e]in Zeugnis ist ja nicht einfach identisch mit dem von ihm und in ihm Bezeugten."[69]

Barth beginnt mit der Trinitätslehre und stellt sie an die Spitze der Dogmatik, weil sie die Offenbarung Gottes in ihrer Wahrheit und Wirklichkeit am besten widerspiegelt. In der Trinitätslehre kommt unter raumzeitlichen Bedingungen die Absolutheit des trinitarischen Seins Gottes am besten zum Ausdruck.[70] Die Antwort auf die Frage „Wer ist Gott?" findet in der Trinitätslehre ihren menschlichen Widerhall. In diesem Widerhall besteht aber nach wie vor eine unüberbrückbare Kluft zwischen dem menschlichen Dasein und der Wahrheit und Wirklichkeit des trinitarischen Seins Gottes.[71] Die Unfaßbarkeit der göttlichen Offenbarung durch den Menschen drückt Barth durch den Satz „Gott offenbart sich als der Herr" aus. Die Herrschaft Gottes impliziert sein trinitarisches Sein in seiner Offenbarung als „die Wurzel der Trinitätslehre". Genau wie der Mensch normalerweise nicht die Wurzel eines Baumes erkennt, sondern nur das, was daraus hervorgegangen ist, kann er die Offenbarung Gottes nicht erfassen, sondern nur deren raumzeitliche Wirkung auf ihn. Es ist eine Unmöglichkeit für den Menschen die Herrschaft Gottes, die ihm mit der göttlichen Offenbarung vorgegeben ist, explizit auf den Punkt zu bringen. Er kann immer „nur" an diese Herrschaft glauben und sie in menschlichen Worten, auch irrtümlich, interpretieren.

Es stellt sich nun die Frage, ob es sich hierbei um einen, ebenfalls unüberbrückbaren Dualismus bezüglich des menschlichen Seins, Selbst und Sollens handelt. Dem Menschen wird bei Barth durchaus

---

[65] Ebd.
[66] Vgl. ebd., 327.
[67] Barth, KD I/2, 512.
[68] Vgl. ebd., 511f.
[69] Ebd., 512.
[70] Vgl. Barth, KD I/1, 316f.
[71] Vgl. Barth, KD I/2, 336.

sein verdanktes Sein deutlich, allein deswegen, weil er von einer theologischen Anthropologie ausgeht. Der Menschen wird als Geschöpf Gottes gesehen.[72] Reicht dem Menschen jedoch diese erkannte Geschöpflichkeit bereits aus, um sich auch seines Sollens und Selbst bewußt zu werden? Auch wenn ihm sein Sollen und Selbst bewußt ist, kann er danach handeln? Kann ihm sein Sollen und Selbst bewußt sein, wenn der Ursprung von beidem, nämlich Gott, niemals explizit erfaßt werden kann, und das Absolute stets vom raumzeitlich Bedingten unterschieden bleibt? Um das beantworten zu können, muß die Trinitätslehre von Karl Barth noch näher erläutert werden.

1. Gott der Vater

Das verdankte Sein ist dem Mensch durch die göttlichen „Seinsweise" des Vaters vermittelt. Gott der Vater ist der Schöpfer.[73] Die „Seinsweise" des Vaters birgt das Sein des Menschen in sich. In ihr wird die Herrschaft Gottes über das Sein des Menschen deutlich, da sich der Menschen seiner kontingenten Existenz bewußt wird. Diese Herrschaft umgreift das gesamte menschliche Dasein, steht über ihm. Sie fängt nicht erst mit dem Beginn der menschlichen Existenz an und hört auch nicht mit dem Tod auf. Der Mensch erfährt nicht nur die göttliche Herrschaft *in* seinem Leben oder *außerhalb* seines Lebens, sondern vielmehr *über* sein Leben. Er kann sich nicht selbst zum Subjekt seiner Existenz machen. Will er sein Dasein selbst definieren, muß ihm trotzdem weiterhin bewußt sein, daß er sterben muß, was seiner Definition ein jähes Ende bereiten würde (=Verlust der menschlichen Anerkennung des Seins). Andererseits darf er auch nicht von einer rein weltjenseitigen Herrschaft Gottes ausgehen, da der Mensch dann sein Leben als solches nicht Ernst nehmen könnte (=Verlust der menschlichen Anerkennung des Sollens und des Selbst). Gott ist Herr sowohl über das Dasein als auch über den Tod. Diese Herrschaft wird

---

[72] Vgl. Barth, KD III/2, 20ff.
[73] Vgl. Barth, KD I/1, 404.

nicht durch die Geburt und insbesondere den Tod auf das Weltjenseitige oder Diesseitige eingeschränkt.[74]

Barth legt mit dieser Formulierung die Grundlage für den von Gott selbst ausgehenden, da seinem trinitarischen Sein inhärenten, Zusammenhang von Sein, Sollen und Selbst. Definiert der Mensch sein Dasein, ohne sich seines Todes bewußt zu sein, betont er ausschließlich sein Sollen und Selbst, als selbst ausgewähltes bzw. selbst definiertes. Sein Gott wäre das seinem Lebenswillen (und schließlich seinem subjektiven Selbstverständnis) entsprechende Sollen. Geht er nur von der Herrschaft Gottes über den Tod aus, akzentuiert der Mensch ausschließlich sein verdanktes Sein, das mit seinem Sollen und Selbst nichts weiter zu tun hat. Damit trennt er Sein, Sollen und Selbst in seiner aktualen Existenz, wobei dem Sollen und Selbst eine eschatologische Bedeutung beigemessen wird. Es gäbe damit eine herrschaftsfreie Zone für den Menschen, die er aber wiederum nach seinem Ermessen überbrücken kann. Beides trennt das auf der Gottebenbildlichkeit gründende Zusammen von Sein, Sollen und Selbst.

Gott der Vater als der Schöpfer ist der Ursprung des Seins und Sollens des Menschen. Seine Herrschaft steht sowohl über dem Leben als auch über dem Tod. Jedoch kann der Mensch das von Gott dem Vater stammende Sollen und Selbst, das seine Ausgangspunkt in der Gottebenbildlichkeit hat, nicht in gleichem Maße erkennen wie das von Gott stammende Sein. Durch seine kontingente Existenz steht der Mensch automatisch vor seinem Dasein, ohne sich dieses jedoch absolut wirklich (nicht biologisch!) erklären zu können. Über sein Sollen und sein Selbst erfährt der Mensch durch die zweite göttliche „Seinsweise": Gott den Sohn.

2. Christologie: Gott der Sohn

Gott der Sohn ist, genau wie Gott der Vater, absolute göttliche Wahrheit und Wirklichkeit.[75] Ebenso ist Gott der Sohn identisch mit dem

---

[74] Vgl. ebd., 409.

Menschen Jesus von Nazareth.[76] Gott ist in seiner Offenbarung gleichzeitig absolute Wahrheit und Wirklichkeit und raumzeitlich bedingte menschliche Existenz. In Jesus Christus treffen Absolutheit und Bedingtheit aufeinander. Demzufolge kann Barth schreiben: „Christologie handelt von der Offenbarung Gottes als Geheimnis."[77] Das Geheimnis entspringt der Frage, wie sich die göttliche Absolutheit in der menschlichen Bedingtheit zeigen kann, ohne ihren Absolutheitscharakter zu verlieren.

Barth versucht mit der Formulierung des Geheimnischarakters der Offenbarung das menschliche Sollen und Selbstverständnis dem Menschen nicht selbst zu überlassen, indem er dem Menschen Jesus Christus eine überragende Rolle zuspricht und ihn als eine Art „Prototyp" Mensch sieht, der zugleich Gott und Mensch ist.[78] Ebenso muß aber auch die wahre menschliche Natur Jesu betont werden, da sie allein den Menschen in seiner bedingten Existenz auch wirklich anspricht. Sie gewährleistet das menschliche „Hörenkönnen" der göttlichen Offenbarung. Wir stehen damit vor dem Problem der Barth'schen Auslegung der Zwei-Naturen-Lehre.

a) Jesus Christus: Wahrer Gott und wahrer Mensch?

Bei der Auslegung der Zwei-Naturen-Lehre stellt sich das Problem, wie in der Formulierung „Jesus Christus ist ‚Gott ohne allen Vorbehalt und Mensch ohne allen Vorbehalt'"[79] beide Aspekte in einem verständlichen Sinn aufrechterhalten werden können, ohne dabei die Gewichtung auf einen zu legen. Im Falle Barths kann gesagt werden, daß er zwar keine solche Gewichtung vornimmt, jedoch zwischen dem Menschsein Jesu und dem anderer Menschen unterscheidet. Daraus resultiert letztendlich ebenfalls eine Unterscheidung zwischen Gott in seinem trinitarischem Sein und der „Seinsweise" Gott des Sohnes.

---

[75] Vgl. Waldrop, Charles T., Karl Barth's Christology. Its Basic Alexandrian Character (Religion and Reason 21), Berlin (u.a.) 1984, 89.
[76] Vgl. Barth, KD IV/2, 118.
[77] Barth, KD I/2, 144.
[78] Vgl. ebd., 144.
[79] Ebd.

Zunächst soll die göttliche Natur Jesu Christi näher erläutert werden, dann seine menschliche. Im anschließenden Kapitel soll dann der Unterschied zwischen seiner menschlichen Natur und der menschlichen Natur aller übrigen Menschen erläutert werden. Auf dieser Basis wird schließlich auch der Unterschied in der göttlichen Sphäre deutlich, der zum Schluß angesprochen wird.

Die Tatsache der Unaufklärbarkeit des Geheimnisses der göttlichen Offenbarung spricht gegen eine „ebionitische"[80] Auslegung der Christologie. Dieser Typus legt die Vermutung nahe, Jesus von Nazareth sei irgendwie zu göttlicher Würde erhoben worden, was zu einer „Idealisierung und Apotheose eines Menschen"[81] führt. Seiner Natur nach ist Jesus Christus jedoch weiterhin Mensch. Er besitzt keinen Zugang zur absoluten Wahrheit und Wirklichkeit Gottes. Vielmehr ist er ein besonders von Gott inspirierter Mensch, dem letztendlich aber nur der Glaube an seine Inspiration durch die göttliche Wahrheit und Wirklichkeit bleibt.

Jesus Christus ist damit auf den Menschen Jesus von Nazareth reduziert. Dadurch kann er zwar von anderen Menschen in ihren Erfahrungen, Erlebnissen mit ihm und ihren Eindrücken von ihm als „heroische Persönlichkeit"[82] empfunden werden, d.h. als moralisches Vorbild dienen, aber das Verständnis des damit verbundenen Sollens und Selbst Jesu entspringt weiterhin rein aus der menschlichen Sphäre, da von den Menschen an die Inspiration eines anderen Menschen geglaubt wird. Diese Inspiration muß aber nicht zwangsläufig mit der

---

[80] Ebioniten ist ein Name antiker Judenchristen, wobei in der modernen Forschung manchmal eine Unterscheidung zwischen den Ebioniten und den Nazoräern getroffen wird. Die Nazoräer glaubten an die Jungfrauengeburt, lehnten aber eine Präexistenz Jesu als Gott ab. Unter den Ebioniten wird diejenige Gruppe angenommen, die auch die Jungfrauengeburt ablehnen. Folglich kommt es bei ihnen zu einer Überbetonung der Körperlichkeit, d.h. des raumzeitlich bedingten Menschseins, gegenüber der Göttlichkeit Jesu Christi. Ebenso wie im Doketismus (vgl. Anm. 90) kann jedoch nicht von *dem* Ebionismus gesprochen werden, da es schon früh eine Vielfalt von Judenchristen gab und das Judenchristentum eine komplexe Größe geblieben ist; dazu Jones, F. Stanley, Ebionäer/Ebioniten, in: RGG Bd. 2, Tübingen 4. Aufl. 1999, 1041f.; ebenso Merkel, Helmut, Nazoräer/Nazarener, in: EKL, Bd. 3, Göttingen 3. Aufl. 1992, 657f.

[81] Ebd., 22.
[82] Ebd.

absoluten Wahrheit und Wirklichkeit Gottes in Verbindung stehen, weil der mit Inspiration verbundene Glaube nicht absolute Wahrheit und Wirklichkeit ist, sondern „lediglich" *Glaube an* absolute Wahrheit und Wirklichkeit.

Jesus Christus als das fleischgewordene Wort Gottes muß aber Subjekt, d.h. freies souveränes Gotteswort, bleiben.[83] Gottes Selbstenthüllung muß ein Akt souveräner göttlicher Freiheit bleiben. „Es kann also die ‚Gleichung' nie umgekehrt werden: nicht das Fleisch wird Wort, nicht der Mensch wird Gott"[84], schreibt Weber in seiner Einführung in die Kirchliche Dogmatik. Allein Gott ist der Ausgangspunkt, der Ursprung des Wortes und dessen Fleischwerdung in Jesus Christus. Das Wort wurde Fleisch, weil Gott der Vater es so wollte, nicht weil der Mensch Jesus von Nazareth dazu in der Lage gewesen war, das Wort Gottes zu ergreifen.[85]

Jesus Christus ist „der Sohn Gottes oder das Wort Gottes *für uns*" nur deswegen, „weil er es zuvor *in sich selber* ist". Jesus muß die göttliche Wahrheit und Wirklichkeit inhärent sein. Nur aufgrund dessen ist der menschliche Glaube an diese Wahrheit und Wirklichkeit erst möglich. Erst dadurch kann von wahrem Glauben gesprochen werden, weil es der Glaube an Jesus Christus ist, dem nicht wiederum „nur" Glaube in Form von Inspiration inhärent sein kann, sondern der die absolute Wahrheit und Wirklichkeit Gottes in sich birgt. Weber faßt die falsche Auffassung mit folgenden Worten zusammen: „[W]enn wir den Satz, ‚daß Jesus Christus Sohn Gottes für uns ist', verstehen wollen, ohne damit Ernst zu machen, daß er ‚zuvor in sich selber' der Sohn Gottes ist, der ‚ewige' Sohn, dann sprechen wir in Wirklichkeit ein ‚Werturteil' aus, zu dem wir den Maßstab in uns selber zu haben meinen: wir erheben dann Jesus Christus auf Grund der von uns gefundenen Maßstäbe zu göttlicher Würde oder sehen in ihm den Ausdruck oder die Manifestation für das, was wir zuvor ohne ihn, als ‚Gottheit' oder ‚Gottessohnschaft' uns gedacht haben."[86]

---

[83] Vgl. ebd., 147.
[84] Weber, Einführung KD, 32.
[85] Vgl. Barth, KD I/2, 147.
[86] Weber, Einführung KD, 26.

Barth vermeidet auch die Überakzentuierung der göttlichen gegenüber der menschlichen Natur Jesu Christi, indem er explizit die raumzeitliche Bedingtheit betont, der der Mensch Jesus Christus unterliegt. Dieser Mensch lebt, wie alle anderen auch, an einer bestimmten raumzeitlich bedingten Stelle.[87] In Jesus Christus offenbart sich Gott den Menschen als ein selbst in der Geschichte lebender Mensch, der „welthaft" zu uns spricht oder ansonsten gar nicht zu uns spräche.[88] Nur wenn die göttliche Wahrheit und Wirklichkeit in ihrer Absolutheit in die weltliche Bedingtheit eindringt, kann überhaupt von Offenbarung gesprochen werden, denn der Mensch muß auch erkennen können, daß ihm etwas offenbart wird. Der Mensch in seiner raumzeitlichen Bedingtheit kann nur Gleiches, d.h. ebenfalls raumzeitlich Bedingtes, erkennen. Deswegen muß Jesus Christus wahrer Mensch sein, da ansonsten nicht von ihm als göttlicher Offenbarung gesprochen werden kann, denn sie würde als solche nicht vom Menschen (für den sie ja bestimmt ist) erkannt werden.[89] Der Mensch Jesus ist nicht gleichgültig. Seine menschliche Natur tritt nicht als „Scheinnatur" ganz hinter die göttliche zurück (=Doketismus[90]), son-

---

[87] Vgl. Barth, KD I/2, 40.
[88] Vgl. Barth, KD I/1, 175.
[89] Vgl. Barth, KD I/2, 166.
[90] Doketismus ist im gesamten Verlauf der Kirchengeschichte allen christologischen Konstruktionen vorgehalten worden, die Jesus nicht den inkarnierten Gottessohn sein ließen. Zugrunde liegt der Gegensatz zur Wahrheit und Wirklichkeit der materiell irdischen Körperlichkeit Christi, d.h. der Gegensatz zwischen wahrem Menschsein und raumzeitlich bedingtem. Dabei wird die raumzeitlich bedingte Körperlichkeit als Scheinleib angenommen, der die sinnliche Wahrnehmung des Menschen täuscht und als wahren Leib annehmen läßt. Es kann jedoch nicht von *dem* Doketismus gesprochen werden, da er keine einheitliche und in sich geschlossene Lehre darstellt. Die Annahme eines Scheinleibes kann verschiedene Annahmen implizieren. Es kann von einem Leib mit besonderer Qualität gesprochen werden, der die Geschehnisse und Einwirkungen eines unter raumzeitlichen Bedingungen existierenden Leibes bzw. Körpers eben nur scheinbar erlitten oder erlebt hat, wie z.B. Geburt, Essen und Trinken, Verfolgung, Kreuzigung und Auferweckung. Bestimmte, zum raumzeitlich bedingten Menschsein notwendige Eigenschaften werden dadurch eingeschränkt. Doketismus kann aber auch eine Christologie bezeichnen, die insbesondere Leiden und Tod Jesu Christi als scheinbar lehrt. Diesem ähnlich, wird die Menschheit Christi auch als nicht zum transzendenten Personenkern (d.h. dem menschlichen Selbst) gehöriges Akzidens charakterisiert und Erdenwandel, Leiden und Tod so bestimmt, daß sie den Erlöser nicht wirklich (also in seinem gott-

dern beide Naturen müssen in gleichem Maße in Jesus Christus vorhanden sein.
Es stellt sich an dieser Stelle nur die Frage, wie das bei Barth verstanden werden soll? Dazu muß der eingangs erwähnte Unterschied zwischen der menschlichen Natur Christi (=Menschsein Christi, als wahres Menschsein) und der menschlichen Natur der übrigen Menschen (=Menschsein) genauer erläutert werden.

b) Die Inkarnation als Voraussetzung wahren Menschseins

Es besteht bei Barth eine Diskrepanz zwischen dem Menschsein Jesu Christi und dem Menschsein der übrigen Menschen. Jesus Christus ist der wahre Mensch, der dem von Gott intendierten Menschsein vollkommen entspricht. Er ist *das* Ebenbild Gottes. Dabei muß jedoch beachtet werden, daß es sich bei ihm als der Fleischwerdung des Wortes Gottes um keine neue göttliche Schöpfung als eine Art „Übermensch" handelt.[91] Es liegt dabei auch keine neue Schöpfung eines mittleren Wesens zwischen Gott und Mensch vor.[92] Trotzdem ist es „ein von der Schöpfung *verschiedener* göttlicher Herrschaftsakt."[93] Wodurch drückt sich dieser von der Schöpfung verschiedene Herrschaftsakt aus?

Wie bereits erwähnt, kann nur bei Jesus Christus von wahrem Menschsein gesprochen werden. Er allein entspricht vollkommen der Ebenbildlichkeit Gottes, da er um sein Sein, Sollen und Selbst als ausschließlich von Gott kommend weiß. „Menschsein", so Barth „heißt infolgedessen grundlegend und umfassend: mit *Gott zusammen*

---

ebenbildlichen Selbst) betreffen. Barth kann jedoch nur unter den Vorwurf des Doketismus fallen, wenn die „Zwischenstellung" des Menschen Jesu Christi, d.h. seine Mittlerrolle zwischen Gott Sohn (und somit Gott) und dem Menschen, die sich in seinem wahren Menschsein ausdrückt, nicht beachtet wird, was allerdings erst noch im weiteren Verlauf des Kapitels über Barth klarer herausgearbeitet wird; zum Begriff des Doketismus siehe Mühlenberg, Ekkehard, Doketismus, in: EKL, Bd. 1, Göttingen 3. Aufl. 1986, 908f.; ebenso Löhr, Winrich, Doketismus (I. Christentum), in: RGG, Bd. 2, Tübingen 4. Aufl. 1999, 925ff.

[91] Vgl. Barth, KD I/2, 147.
[92] Vgl. Barth, KD IV/2, 68.
[93] Barth, KD I/2, 147.

sein."⁹⁴ Der Mensch kann zu seinem wahren Selbstverständnis, das in Verbindung Gott-Sein-Sollen-Selbst besteht, nur durch Gott finden, indem er sein Selbst als Ebenbild Gottes erkennt. Bart spricht hierbei von der „ontologischen Bestimmung des Menschen".⁹⁵ Diese Bestimmung ist im Menschen Jesus Christus aktual existierend, während sie bei den übrigen Menschen lediglich als Möglichkeit vorliegt. Wie ist das zu verstehen?

Keinem anderen Menschen ist das göttliche Sein in Form von Teilhabe an der Wahrheit und Wirklichkeit des trinitarischen Seins Gottes inhärent. Folglich muß ein Unterschied zwischen dem Menschsein Jesu Christi und dem Menschsein der übrigen Menschen gemacht werden. Jesus Christus ist als wahrer Mensch zu bezeichnen, weil er sein Sein von Gott dem Sohn erhält. Er ist der wahre Mensch durch den Anteil an der Wahrheit und Wirklichkeit Gottes, der ihm durch Gott den Sohn gewährleistet wird. In Jesus Christus ist der Mensch (=Jesus von Nazareth) unmittelbar vor sein göttliches Gegenüber (=Gott der Sohn) gestellt. Die „Seinsweise" des Sohnes konstituiert das wahre Menschsein Jesu Christi, indem sie ihm das wahre trinitarische Sein Gottes übermittelt. Der Mensch Jesus Christus erhält sein Selbst von Gott und gewinnt dadurch Einsicht in den Zusammenhang Sein-Sollen-Selbst. Folglich entspricht er dem von Gott intendiertem Menschsein, das in der göttlichen Ebenbildlichkeit seinen Ausdruck findet. Gott ist im wahren Menschen Jesus Christus gegenwärtig durch die „Seinsweise" des Sohnes, der dessen Selbst konstituiert.⁹⁶ Dadurch unterscheidet er sich von allen übrigen Menschen durch sein von Gott unmittelbar durch die „Seinsweise" des Sohnes erhaltenes Selbst, das dem wahren, von Gott intendierten Menschsein entspricht.⁹⁷ Er ist der wahre Mensch „in der Mitte aller übrigen Menschen"⁹⁸, „Er ist es als Sohn Gottes in einer Weise wie kein anderer Mensch."⁹⁹

---

⁹⁴ Barth, KD III/2, 161.167.
⁹⁵ Ebd., 160.
⁹⁶ Vgl. Barth, KD III/2, 161.
⁹⁷ Barth, KD IV/2, 74f.
⁹⁸ Barth, KD III/2, 158.
⁹⁹ Ebd., 242.

III. Christologie und Anthropologie: Die Ausrichtung des Menschen in seiner raumzeitlich bedingten Existenz auf die göttliche Wahrheit und Wirklichkeit in Jesus Christus

Die übrigen Menschen können sich auch des Zusammenhanges von Sein-Sollen-Selbst bewußt werden. Auch ihnen ist es möglich, ihr Selbst als von Gott konstituiertes zu erkennen. Nur kann diese Erkenntnis niemals so vollkommen wie in Jesus Christus aktualisiert werden, da die übrigen Menschen ihr göttliches Gegenüber „nur" mittelbar durch Jesus Christus erfahren.[100] Sie wissen um ihr durch Gott konstituiertes Selbst und das daraus resultierende Sollen aufgrund dessen, daß sie Mitmenschen Jesu sind.[101] Das zeichnet sie als gottebenbildliche Menschen aus.

1. Mitmensch-Jesu-Sein als ontologische Bestimmung des Menschen

Der Mensch erkennt sein geschöpfliches Wesen „im Blick auf Gottes offenbare Gnade und konkret *im Blick auf den Menschen Jesus.*"[102] Er erfährt sein wahres Menschsein als den Zusammenhang Sein-Sollen-Selbst über den Menschen Jesus Christus. Barth begründet folglich die Anthropologie auf der Christologie. Der Mensch kann seine ontologische Allgemeinbestimmung in Form des wahren Menschseins nicht in der Sphäre seiner raumzeitlich bedingten Existenz (= Weltimmanenz) ausfindig machen und aktualisieren, sondern sie ist vielmehr darin begründet, „*daß in der Mitte aller übrigen Menschen Einer der Mensch Jesus ist.*"[103] Er erkennt den Zusammenhang Sein-Sollen-Selbst als seine ontologische, d.h. von Gott intendierte, Bestimmung *vermittelt durch* Jesus Christus.

Durch die raumzeitlich bedingte menschliche Existenz Jesu Christi, die ihren Ausdruck in der Fleischwerdung des Wortes Gottes

---

[100] Vgl. ebd., 160.
[101] Vgl. ebd., 159.
[102] Ebd., 50.
[103] Ebd., 158.

findet, dringt das außerhalb menschlicher „Reichweite" liegende wahre Sein Gottes in die menschliche Existenz ein, und bestimmt sie umfassend. Der Mensch Jesus Christus, als Mitmensch anderer Menschen, „begründet durch seine Mitmenschlichkeit die Bestimmung der Humanität aller Menschen"[104]. Diese Humanität ist es schließlich auch, die den Menschen in seiner Weltimmanenz Anteil am wahren, von Gott intendiertem und seiner Ebenbildlichkeit entsprechendem, Menschsein haben läßt. Auch hier muß Jesus Christus als in einer Mittlerposition stehend angesehen werden.

2. Die Geschichte Jesu Christi und Geschichte der Menschen

Es klingt bei Barth eine stark eschatologische Tendenz bezüglich des wahren Menschseins aller übrigen Menschen an. Der Mensch kann den Zusammenhang von Sein-Sollen-Selbst erst in eschatologischer Zukunft verwirklichen (im wahrsten Sinn des Wortes!). Nur im Menschen Jesus Christus tritt die absolute Wahrheit und Wirklichkeit in die raumzeitlich bedingte menschliche Geschichte ein. Deshalb kann nur von der Geschichte Jesu Christi als wirkliche (wiederum im wahrsten Sinn des Wortes) Geschichte gesprochen werden. Wie ist das genauer zu verstehen?

„*Offenbarung ist nicht ein Prädikat der Geschichte, sondern Geschichte ein Prädikat der Offenbarung.*"[105] Gott offenbart durch die „Seinsweise" des Sohnes im Menschen Jesus von Nazareth seine göttliche Wahrheit und Wirklichkeit. Dadurch wird die Geschichte Jesu von Nazareth zur Geschichte Jesu Christi und folglich wahre und wirkliche Geschichte. In Jesus Christus ist die Linearität der Zeit aufgehoben,[106] d.h., „die Schranken des Gestern, Heute und Morgen"[107],

---

[104] Copray, Norbert, Kommunikation und Offenbarung. Philosophische und theologische Auseinandersetzungen auf dem Weg zu einer Fundamentaltheorie der menschlichen Kommunikation (Themen und Thesen der Theologie) Düsseldorf 1983, 145.
[105] Barth, KD I/2, 64.
[106] Barth geht nicht von einem allgemeinen, d.h. linearen Zeitbegriff aus, sondern setzt auch hier bei Gottes Offenbarung in Jesus Christus an. Allein aus ihr ist die Begründung für die Erkenntnis von Zeit abzuleiten. Sie ist die „er-

weil im geschichtlichen Ereignis der Menschwerdung Gottes die Ewigkeit in Form von Gottes zweiter Seinsweise als „ewiger Sohn" auf die Zeit in Form der Geschichte von Jesus von Nazareth trifft. Nur in diesem Ereignis geht die Ewigkeit in die Geschichte und die Geschichte in die Ewigkeit ein.[108]

Die Zeit des wahren Menschen Jesus Christus ist zugleich Gottes Zeit, da Gott der Sohn, der das wahre Menschsein an Jesus von Nazareth vermittelt, die zweite Seinsweise der innertrinitarischen Wirklichkeit und Wahrheit Gottes ist. Jesus Christus ist der *„Herr der Zeit"*[109]. Als Stellvertreter Gottes lebt der wahre Mensch Jesus Christus in seiner Zeit, wodurch sein Leben aufhört „exklusiv sein Leben zu sein"[110]. Das wahre Sein Gottes spiegelt sich in der Geschichte Jesu Christi wider, *ist* die Geschichte Jesu Christi. Sein und Geschichte werden in der Menschwerdung Christi untrennbar miteinander verbunden, da Gott der Sohn in seiner Wirklichkeit, im Menschen Jesus Christus in der menschlichen Geschichte lebt. Diese Verbindung macht die Geschichte zur wirklichen Geschichte, wohingegen von der Geschichte der Menschen nur in einem *„sekundären, abgeleiteten, mittelbaren* Sinn des Begriffs"[111] gesprochen werden kann. „Es gibt ja

---

füllte Zeit" als Zeit der alttestamentlichen Erwartung verbunden mit der Zeit der neutestamentlichen Erinnerung. Damit ist sie auch die Zeit des Zeugnisses der Menschwerdung Gottes. Gott selbst ist nicht zeitlos. Vielmehr nimmt er sich in seinem „ewigen Jetzt" Zeit für den Menschen und erfüllt damit in Jesus Christus die menschliche Zeit (vgl. Barth, KD I/2, 50ff.). Zum Verständnis des Zeitbegriffs bei Barth vgl. auch Rolf Kramer, Phänomen Zeit. Versuch einer wissenschaftlichen und ethischen Bilanz (Erfahrung und Denken. Schriften zur Förderung der Beziehungen zwischen Philosophie und Einzelwissenschaften, Bd. 84), Berlin 2000, 41-51.

[107] Frey, Christofer, Die Theologie Karl Barths. Eine Einführung, Frankfurt am Main 1988, 198; dazu Barth, KD III/2, 556f.

[108] Vgl. dazu Jenson, Karl Barth, in: David F. Ford, The Modern Theologians, 27, wo es heißt: „Time is touched by eternity, Barth said, as a circle is touched by a tangent line. The line does touch the circle, yet there is no part of the circle that belongs to the line or part of the line that belongs to the circle. Beings who lived on the circle and moved around it would be stopped when they came to the point of tangency, but could not experience or grasp their impediment itself. Just so are we stopped at ‚the line of death' where eternity touches time. Christ is savior in that he occupies that line perfectly."

[109] Barth, KD III/2, 557.

[110] Ebd.

[111] Ebd., 193.

nur eine primäre, direkte und unmittelbare Erfüllung des Begriffs der Geschichte, nur eine ‚Urgeschichte'".[112] Das Sein der anderen Menschen „ist Geschichte *an* und *mit* der Geschichte, die in der Existenz des Menschen Jesu Ereignis ist."[113]

Die Geschichte der Menschen ist genau wie das Menschsein von der Geschichte Jesu Christi und dessen Menschsein zu unterscheiden. In Jesus Christus ist beides verwirklicht, d.h., allein in ihm ist der Mensch das wahre und wirkliche Ebenbild Gottes.

3. Die Heiligung als eschatologisch wahres Menschsein

Der Mensch wird in seiner göttlichen Ebenbildlichkeit von Gott geheiligt und zu seinem Bundesgenossen bestimmt.[114] Wahres Menschsein bedeutet mit Gott als Bundesgenosse zu leben.[115] Als Bundesgenosse Gottes ist der Mensch in seinem wahren Menschsein vor das sein Selbst konstituierende göttliche Gegenüber gestellt. Heiligung bedeutet somit, den Zusammenhang von Sein-Sollen-Selbst zu leben. Jedoch ist dieser gelebte Zusammenhang, als von Gott intendierter, da seinem Ebenbild entsprechender, nur dem einen wahre Menschen Jesus Christus möglich. Nur er partizipiert durch die „Seinsweise" des Sohnes an der göttlichen Wahrheit und Wirklichkeit und lebt diesen Zusammenhang aktual in seiner raumzeitlich bedingten Geschichte als *die* wahre und wirkliche Geschichte. Jesus Christus ist *der* Heilige, weil er in einmaliger Weise, in der „Seinsweise" des Sohnes, Gottes Ebenbild und damit wahrer Mensch ist. Er ist der zum Bundesgenossen Gottes bestimmte Mensch, da ihm durch Gott den Sohn göttliche Wirklichkeit und Wahrheit inhärent ist. Als dieser Bundesgenosse ist er „die neue menschliche Existenzform"[116].

Auch hier wird die herausragende Stellung des Menschen Jesu Christi deutlich, der als einziger Mensch auch wahrer Mensch ist. Sei-

---

[112] Ebd.
[113] Ebd.
[114] Vgl. Barth, KD IV/2, 565.
[115] Vgl. Barth, KD III/2, 242.
[116] Vgl. ebd., 565.582.

ne Heiligung ist, durch Gott den Sohn, in seiner raumzeitlich bedingten menschlichen Existenz immer schon aktual, während sie für alle übrigen Menschen in eschatologischer Ferne liegt. Barth schreibt:

> „Daß Gott, der das Subjekt des Geschehens ist, in dessen Verlauf es zur Existenz von Heiligen kommt, der ursprünglich und eigentlich *allein* Heilige ist, das bringt es notwendig mit sich, daß auch die *menschliche* Heiligkeit als die neue menschliche Existenzform des Bundesgenossen dieses Gottes ursprünglich und eigentlich nicht die Sache vieler, sondern nur die *eines* Menschen sein kann [...]. Des Menschen in diesem *Einen* geschehene Heiligung ist ihre Heiligung. Sie ist aber ursprünglich und eigentlich die nicht ihnen, sondern diesem *Einen* widerfahrene Heiligung. Es ist ihre Heiligkeit ursprünglich und eigentlich die *seinige* und nicht die ihrige. [...] Das ist die Gottestat der Heiligung in ihrer ursprünglichen und eigentlichen, weil *unmittelbaren* Gestalt in ihrer Einmaligkeit. In ihr sind alle ihre anderen Gestalten – die Heiligung Israels und der Gemeinde mit dem *Fernziel* [Hervorhebung M.F.] der Heiligung der ganzen Menschheit und Welt – *eingeschlossen*, durch sie sind sie alle *bedingt*."[117]

Sowohl in seinem Menschsein als auch in seiner Heiligkeit und in seiner Geschichte nimmt der Mensch Jesus Christus *die* herausragende Stellung ein, da ihm durch die „Seinsweise" des Sohnes unmittelbar die göttliche Wahrheit und Wirklichkeit inhärent ist. Der Mensch in seinem bedingten und endlichen Menschsein findet sein wahres Menschsein, seine Heiligung, als das bewußt gelebte Zusammen von Sein-Sollen-Selbst vermittelt durch Jesus Christus. Es stellt sich an dieser Stelle jedoch die Frage: Wie kann er sein wahres Menschsein in Jesus Christus erkennen? Wie kann er um die göttliche Sohnschaft Jesu Christi wissen?

---

[117] Barth, KD IV/2, 582.

4. Pneumatologie: Das Ausgerichtetsein des Menschen auf Jesus Christus durch Gott den Geist

Der Mensch kann aus seiner Geschichtlichkeit nicht heraustreten, um die göttliche Absolutheit zu er- bzw. begreifen. Da sich Gott aber in Jesus Christus in seiner absoluten Wahrheit und Wirklichkeit offenbart, braucht der Mensch etwas, das ihn diese göttliche Wahrheit und Wirklichkeit in ihrer Absolutheit „hören" läßt. Er braucht ein „Ohr" für die seine raumzeitliche Existenz übersteigende göttliche Absolutheit.

Dieses „Ohr" kann dem Menschen nur von Gott selbst gegeben werden, da es sich bei dem damit zu Hörendem ja um Gott selbst handelt. „Gott selbst und Gott allein macht den Menschen zum Empfänger seiner Offenbarung."[118] Er läßt die Menschen seine Offenbarung, in der Wort Fleisch wird, hören, indem er sich in jedem einzelnen Menschen selbst zum „Ohr" werden läßt. Das „Ohr", als Anknüpfungspunkt für die göttliche Absolutheit in der menschlichen Existenz, ist der Heilige Geist bzw. Gott der Geist. Der Geist läßt den Menschen über seine Existenz hinaus blicken, hin auf die in Jesus Christus geoffenbarte göttliche Wahrheit und Wirklichkeit, weil der am Menschen handelnde Heilige Geist Gott selbst ist.[119] Der Mensch in seinem Glauben ist durch den Geist Zeuge des Wortes. Von ihm kann nur aufgrund der Gabe des Heiligen Geistes durch Gott als Glaubender gesprochen werden.[120] Auch beim mit der Pneumatologie verbundenen Glauben ist es für den Menschen unmöglich auf etwas bereits Vorliegendes zurückzugreifen. Es ist für ihn nur möglich diesen aus dem Wort Gottes resultierenden Glauben „vorbehaltlos gehorsam zu werden"[121]. Es gibt nichts vorauszusetzen.[122]

---

[118] Barth, KD I/2, 230.
[119] Ebd., 227.
[120] Vgl. Karl Barth, Einführung in die evangelische Theologie, Gütersloh 3. Aufl. 1980, 48.
[121] Ebd., 80f.
[122] Vgl. ebd., 77.

Der Mensch ist in seinem Glauben an das von Gott verliehene „Ohr" angewiesen. Glaube liegt nicht im Bereich des Menschen[123] und es ist ein „in kein System einzubauende[r] Faktor"[124]. Vielmehr ist auch das Geschehen des Glaubens ein offenbarendes, in dem Gottes Wort dem Menschen begegnet und dieser diesem gegenüber zum Gehorsam aufgerufen ist. Dem Menschen wird der Glaube durch Gott Geist, der auf Gott Sohn weist, vermittelt. Er kann ihn selbst nicht erlangen. Der Glaubensakt (fides qua) tritt in den Hintergrund und wird vollkommen durch den Glaubensinhalt (fides quae) bestimmt, der unmittelbar durch die göttliche Wahrheit und Wirklichkeit bestimmt wird. Glaube wird bei Barth zu einem Ereignis, daß dem Menschen nicht ohne weiteres möglich ist. Er besitzt den Charakter eines Gottesgeschenks, weil er dem innertrinitarischen Sein (= „immanente" Trinität[125]) Gottes entspringt. Dieses Geschenk trifft den Menschen jeden Tag neu bzw. darf „jeden Morgen neu geschehen"[126].

Durch den Heiligen Geist und den dadurch möglichen Glauben kann der Mensch die Wahrheit und Wirklichkeit Gottes nicht derart unmittelbar erfassen, wie das im Menschen Jesus Christus durch die „Seinsweise" des Sohnes der Fall ist. Der Mensch ist auch in der Wirkung des Heiligen Geistes stets auf die Offenbarung in Jesus Christus angewiesen.[127] Das Werk der göttlichen „Seinsweise" des Geistes ist in die Christusoffenbarung eingeschlossen.[128] Der Mensch wird durch die Wirkung des Geistes auf Jesus Christus und damit auf sein göttliches Gegenüber, das ihn in seinem Selbst konstituiert, verwiesen. Er bleibt auch im Empfang des Heiligen Geistes Mensch und erlangt *nicht* das wahre Menschsein, wie es im Menschen Jesus Christus aktual ist. In den Menschen fließt dadurch nicht die göttliche Wahrheit und Wirklichkeit ein, anhand derer der Mensch sein wahres

---

[123] Vgl. ebd., 84.
[124] Vgl. ebd., 77.
[125] Zum Begriff der „immanenten" Trinität und deren Unterschied zu „ökonomischen" siehe Kap. B. III dieser Arbeit.
[126] Vgl. Barth, Einführung, 83.
[127] Vgl. Barth, KD I/2, 262.
[128] Vgl. Busch, Eberhard, Die große Leidenschaft. Einführung in die Theologie Karl Barths, Gütersloh 1998, 232.

Menschsein selbst erfüllen könnte. Der Mensch bleibt Mensch und Gott bleibt Gott.[129]

Gott der Geist versetzt den Menschen in seine eschatologisch wahre Existenz, die im Menschen Jesus Christus durch die Wirkung des Sohnes schon aktual ist. Der Heilige Geist ist zwar „nicht eine andere Offenbarung außer der des Wortes"[130], aber von wahrem Menschsein als in untrennbarer Verbindung mit der göttlichen Wahrheit und Wirklichkeit stehend, kann nur in Bezug auf das innertrinitarische göttliche Sein gesprochen werden, zu dem allein der Mensch Jesus Christus, durch die „Seinsweise" des Sohnes, Zugang hat. Dennoch wird bei Barth der je individuelle Mensch in seiner je eigenen Gottebenbildlichkeit Ernst genommen. Der Mensch kann diese zwar nicht in seinem aktualen Menschein verwirklichen, trotzdem ist sie dort bereits im Heiligen Geist, der auf den Menschen Jesus Christus zurück reflektiert, als Möglichkeit angelegt. In seinem zeitlich bedingten Menschsein ist Jesus Christus ein konkret handelnder Mensch, der mit anderen Menschen seiner Zeit in Kontakt steht. Er ist konkreter Mitmensch anderer Menschen und bestimmt damit das Mitmensch-Sein aller Menschen. In dieser Bestimmung „überträgt" Jesus Christus die Gottebenbildlichkeit eines jeden Menschen und den damit verbundenen intrinsischen Wert in konkretes Handeln (und damit in die raumzeitliche Bedingtheit) und macht den Menschen ihre Gleichwertigkeit deutlich, die in ein bestimmtes Selbstverständnis und entsprechendes Sollen den Mitmenschen gegenüber mündet.

5. Der Mensch als Subjekt in seiner raumzeitlichen Bedingtheit

Der Mensch kann zwar sein Selbst, das sein wahres Menschsein impliziert, nur vermittelt durch den Menschen Jesus Christus im göttlichen Gegenüber konstituiert erfahren, dennoch ist es ihm in gewissem Maße möglich, das wahre Menschsein in seiner raumzeitlichen Bedingtheit zu leben. Das wahre Menschsein, basierend auf göttlicher und damit nicht eigener Konstitution, wird vom Menschen (in seiner

---

[129] Vgl. Barth, KD I/1, 485.

Bedingtheit und nicht absolut!) in der Begegnung mit anderen Menschen erfahren. Er wird in seinem Sollen durch das Selbst des anderen Menschen bestimmt, nämlich der Gottebenbildlichkeit, die in jedem Selbst vorliegt, zu entsprechen. Barth schreibt:

> „So ist die Humanität die Bestimmtheit unseres Sein als *ein Sein in der Begegnung mit dem anderen Menschen.* Wir versuchen nun zu verstehen, was der Gehalt dieser Begegnung ist. Die Grundformel zu ihrer Beschreibung muß lauten: *Ich bin, indem Du bist.* [...] Das Wort ‚indem' sagt nicht, wo das menschliche Sein her – hier könnte ja nur von Gott seinem Schöpfer geredet werden – sondern wie es beschaffen ist; es sagt, daß alles ‚Ich bin' durch das ‚Du bist' qualifiziert, auszeichnet, bestimmt ist. Ich bin – indem ich es Gott meinem Schöpfer verdanke, daß ich bin – nicht anders als indem auch Du bist, indem, von demselben Gott geschaffen, mit mir auch Du bist."[131]

Der Mensch wird nicht als eine menschliche Existenz in der großen Masse der Menschheit gesehen, sondern als je individuelles Sein, das Subjekt seiner je eigenen Handlungen ist. Er muß als je einzelner Ernst genommen werden, um im handelnden Umgang mit dem anderen Menschen die Wichtigkeit des „Du" erkennen zu können. Es kann im anderen Selbst (als dem „Du") die Gottebenbildlichkeit nur erkannt werden, wenn der Mensch sich als Subjekt, d.h. als Ich erfahren kann, das nicht mit dem „Du" identisch ist.[132] Der Mensch *ist* Subjekt innerhalb seiner raumzeitlichen Existenz, seines Menschseins, und *muß* als je eigener Mensch auch vor dem Gottmenschen Jesus Christus seine je eigene Geltung behalten. Durch Jesus Christus werden die übrigen Menschen in ihrem Menschsein nicht zu einer großen Masse zusammengefaßt.[133]

---

[130] Busch, Die große Leidenschaft, 236.
[131] Barth, KD III/2, 296f.
[132] Vgl. ebd., 297.
[133] Vgl. ebd., 322.

Dieses Subjektsein im Menschsein des Menschen ist dennoch durch die göttliche Wahrheit und Wirklichkeit und somit durch Gott selbst bestimmt, weil es vom wahren Menschsein umschlossen ist. Dem wahren menschlichen Selbst ist das konstituierende göttliche Gegenüber als Faktum gegeben, wie es in Jesus Christus durch die göttliche „Seinsweise" des Sohnes deutlich wird. Gerade in dieser Bestimmung des raumzeitlich bedingten Menschseins Jesu Christi durch Gott den Sohn, wird der Zusammenhang von Sein-Sollen-Selbst festgelegt, der innerhalb der menschlichen Existenz in Form der eben angesprochenen Humanität gelebt werden muß. Gott der Sohn (und damit auch Gott in seiner Einheit der Dreiheit) legt die Grenzen in der menschlichen Existenz fest, innerhalb derer sich der Mensch auf den Weg seines wahren Menschseins begeben kann.

Dabei sind dem Menschen nicht nur die Grenzen, sondern auch die wahre Wegweisung vorgegeben. Diese Wegweisung hat ihren absoluten Ausgangspunkt in Gott dem Sohn. Gott der Geist fungiert als „Streckenposten", der aus der menschlichen Existenz heraus auf die geoffenbarte absolute Wahrheit und Wirklichkeit in Jesus Christus weist. Innerhalb - und *nur* innerhalb - dieser Vorgaben kann der Mensch als handelndes Subjekt bezeichnet werden. Trotzdem liegt hier kein Handlungsdeterminismus vor, weil der Mensch frei ist, wenn auch nur innerhalb festgelegter Grenzen. In diesem abhängigen, weil durch eine umfassendere Macht begrenzten, menschlichen Dasein, „verteilt" sich die durch Gott den Sohn in Jesus Christus initiierte wahre Menschwerdung auf alle Menschen gleich.

Der Mensch ist durch sein Mitmensch-Jesu-Sein auf den Weg zur wahren Menschwerdung gebracht. Er erfährt sein gottgegebenes Sein, Sollen und Selbst im Umgang mit anderen Menschen und auf dem Hintergrund der an ihn ergangenen Christusoffenbarung. Innerhalb dieser von der göttlichen Absolutheit vorgegebenen Bedingungen ist der je einzelne Mensch Subjekt seiner Handlungen, weil er von der Gottebenbildlichkeit des „Du" auf seine eigene Gottebenbildlichkeit, nämlich die des „Ich", zurückschließen kann. Dadurch wird ihm als Subjekt die Wichtigkeit des raumzeitlichen Zusammenhangs von Sein-Sollen-Selbst in seinen Handlungen bewußt. Von einer solchen Wichtigkeit, wie sie allein durch Gott selbst vermittelt wird, kann wiederum nur bei einem Subjekt, das sich als je eigen erkennt, gesprochen werden. Subjektsein in seinen Handlungen (und folglich in seinem Menschsein) und die Erkenntnis der faktischen, weil von Gott gebotenen, Wichtigkeit des Zusammenhanges von Sein-Sollen-Selbst sind auch bei Barth untrennbar verbunden. Diese Tatsache wird am Menschen Jesus Christus in exemplarischer Art und Weise deutlich.

IV. Die Unbeeinflußbarkeit der göttlichen Offenbarung und die Wichtigkeit des Menschen als Subjekt – ein Paradoxon?

Jesus Christus ist wahrer Gott und wahrer Mensch. Wie ist diese Aussage nun im Hinblick auf die Problemstellung dieser Arbeit zu verstehen? Wie kann der Mensch den Zusammenhang von Sein-Sollen-Selbst erkennen und leben, ohne ihn selbst zu konstruieren bzw. zu definieren? Wie kann dieser absolute Zusammenhang, der aus der Wahrheit und Wirklichkeit Gottes entspringt, in der raumzeitlichen bedingten menschlichen Existenz erfahren werden, ohne seine Absolutheit, d.h. Unbeeinflußbarkeit durch das menschliche Selbst, zu verlieren, zugleich aber die Wichtigkeit der je eigenen menschlichen Existenz in seiner Einmaligkeit, beizubehalten?

Die Göttlichkeit Jesu Christi basiert auf der ihm inhärenten „Seinsweise" des Sohnes. Sie gewährleistet den Ursprung des Zusammenhangs von Sein-Sollen-Selbst, der in der Wahrheit und Wirklichkeit des trinitarischen Seins Gottes liegt. Von dort aus kommt das Sein des Menschen, in Form von Gott dem Vater als Schöpfer, das Selbst, das in der menschlichen Ebenbildlichkeit Gottes liegt, und das Sollen, das aus der Anerkennung der menschlichen Gleichwertigkeit, resultiert. Der Mensch kann sich diesen Zusammenhang nicht selbst definieren bzw. konstruieren, da er in seinem Menschsein auf das göttliche Gegenüber angewiesen ist. Diese Tatsache macht Barth mit der Wirkung der „Seinsweise" des Sohnes, die den Menschen Jesus von Nazareth zum wahren Menschen Jesus Christus macht, besonders deutlich. Es ist nicht ausschließlich der Mensch Jesus von Nazareth der auf rein menschlicher Ebene handelt, sondern der Mensch Jesus Christus, der sein Sein, Sollen und Selbst durch die „Seinsweise" des

Sohnes unmittelbar als von Gott konstituiert erfährt. Barth nimmt damit dem Menschen seine Überheblichkeit, über seine Existenz und sein moralisches Handeln selbst zu entscheiden und sein eigenes moralisches Konstrukt, ausgerichtet nach dem eigenen Selbst entwerfen zu können.

Der Mensch kann sein Selbst und sein Sollen nicht rein aus der menschlichen Sphäre bloßer Erfahrung ableiten. Es muß etwas von außerhalb, die menschliche Macht übersteigendes, in die raumzeitliche Bedingtheit des Daseins des Menschen wirken, wie das in der göttlichen „Seinsweise" des Sohnes im Menschen Jesus von Nazareth der Fall ist. Der Mensch Jesus von Nazareth lebt zwar in raumzeitlicher Bedingtheit, weiß aber um die Grundlage, die aller Bedingtheit (und somit auch aller Erfahrung) unterliegt: das göttliche Gegenüber.

Offenbarung, als das Erkennen des in der göttlichen Wahrheit und Wirklichkeit inhärenten Zusammenhangs von Sein-Sollen-Selbst des Menschen, ist etwas Erfahrungsbildendes. Die Offenbarung als schon immer vorhandene Wirklichkeit trifft auf Erfahrung, als mögliche Erfahrung der Wirklichkeit. Offenbarung ist dabei immer das Erste, das die Erfahrung des eigene Selbstverständnisses und das daraus resultierende Sollen Umwandelnde. Eine Induktion von Offenbarung aus Erfahrung ist damit gänzlich unmöglich. Dennoch ist es die raumzeitlich bedingte Existenz, die durch die Offenbarung verändert wird. Ohne den Menschen ginge die Offenbarung ins Leere. Sie hätte als Offenbarung nur eine Bedeutung an sich bzw. für sich, da der Offenbarungsempfänger fehlt. Es würde nicht die göttliche Wahrheit und Wirklichkeit *jemandem* geoffenbart, sondern sie würde sich sich selbst offenbaren. Folglich kommt der menschlichen Erfahrung eine gewisse Stellung zu.

Die Wichtigkeit des am Offenbarungsgeschehen beteiligten Empfängers wird bei Barth durch das Menschsein Jesu Christi in seiner raumzeitlichen Bedingtheit, die „nicht ein Loch in die uns bekannte Natur und Geschichte unseres Kosmos schlägt"[134], ausgedrückt. Gott muß im Menschen Jesus Christus welthaft zu uns sprechen, „ansonsten würde er gar nicht zu uns sprechen"[135]. In seiner Offenbarung

---

[134] Barth, KD I/2, 40.
[135] Barth, KD I/1, 175.

spricht Gott jeden einzelnen Menschen, der, genau wie Jesus Christus, seiner Ebenbildlichkeit entspricht, an.

Offenbarung und raumzeitlich bedingtes Menschsein widersprechen sich nicht. Barth schreibt:

„Es wäre nicht Offenbarung, wenn es nicht Mensch wäre. Und es wäre nicht Mensch, wenn es nicht in diesem präzisen Sinne ‚Fleisch' wäre. Daß das Wort ‚Fleisch' ward in diesem präzisen Sinne [...]: dies ist die Offenbarung des Wortes Gottes."[136]

Die göttliche Offenbarung ist Mensch. Darin ist die ontologische Allgemeinbestimmung des Menschen, die in dem der Gottebenbildlichkeit entsprechendem Zusammenhang von Sein-Sollen-Selbst besteht, begründet.[137] Offenbarung und Menschsein kommen in Jesus Christus zusammen. Um dabei die absolute göttliche Wahrheit und Wirklichkeit nicht im raumzeitlich bedingten Menschsein aufzulösen, muß Barth vom wahren Menschsein Jesu Christi sprechen. Gleichzeitig nimmt er das raumzeitlich bedingte Menschsein ernst, indem er es durch die Betonung der Fleischwerdung des Wortes nicht in ein transzendentes, übergeschichtliches auflöst.

Im Menschen Jesus von Nazareth und seinem durch die „Seinsweise" des Sohnes konstituiertem Selbst kommen beide Aspekte voll zum Tragen. Jesus Christus kann nicht auf den Menschen Jesus von Nazareth reduziert werden (wie es der Ebionismus versucht), ebenso wie er nicht ausschließlich Gott der Sohn sein kann (wie es im Doketismus der Fall ist). Jesus Christus ist weder absolut identisch mit allen anderen Menschen, noch mit dem trinitarischen Sein der göttlichen Wahrheit und Wirklichkeit. Er ist der wahre Mensch unter den Menschen und er ist die göttliche „Seinsweise", die Mensch wurde. Nicht Gott in seinem trinitarischen Sein wurde Mensch, genauso wenig wie Jesus Christus nur Mitmensch unter anderen Menschen ist. In ihm verbindet sich beides zu einer untrennbaren Einheit, die Einheit von absoluter Offenbarung und raumzeitlich bedingtem Menschsein.

---

[136] Barth, KD I/2, 166.
[137] Vgl. Barth, KD III/2, 158.

Indem Barth den Menschen Jesus Christus als Zugang zur göttlichen Wahrheit und Wirklichkeit nimmt, gleichzeitig aber die Anthropologie von der Christologie ableitet, kann er abwechselnd die Unbeeinflußbarkeit der göttlichen Offenbarung durch die in Jesus Christus wirkende „Seinsweise" des Sohnes betonen, und das raumzeitlich bedingte Menschsein, das vom wahren Menschsein Jesu Christi umgriffen wird und in ihm kulminiert.

V. Zusammenfassung und Fazit

Karl Barth verbindet die göttliche Offenbarung in Jesus Christus untrennbar mit der menschlichen Erkenntnis des wahren Sollens und wahren Selbst als wahres Menschsein. Der Mensch erfährt vom wahren Menschsein ausschließlich über den Menschen Jesus Christus mit Hilfe der „Seinsweise" des Geistes, der den Menschen in Jesus Christus die göttliche Wahrheit und Wirklichkeit erkennen läßt. Das jeweils eigene wahre Menschsein, das Barth mit der Heiligung des Menschen bezeichnet, liegt dabei in eschatologischer Ferne. Diesbezüglich könnte der Eindruck einer gewissen Abwertung der menschlichen Existenz gegenüber der göttlichen Offenbarung gewonnen werden, weil es den Anschein einer Überbetonung der Göttlichkeit im Menschen Jesus Christus vermittelt. Es spielt dabei ausschließlich der Gottmensch Jesus Christus die Hauptrolle, der sich alle anderen Rollen in Form von allen anderen Menschen unterzuordnen haben. Diese als „Christologie von oben" bezeichnete Betrachtungsweise birgt den Anschein einer doketischen Auslegung der Menschwerdung des Wortes in sich, kann aber bei Barth nicht als im vollkommensten Sinn zutreffend ausgelegt werden. Warum?

Barth versucht in seinem Offenbarungsverständnis den Spagat zwischen göttlicher Absolutheit und raumzeitlicher Bedingtheit des Menschen in der Person Jesu Christi. Er beginnt seine Dogmatik mit dem trinitarischen Sein Gottes als der absoluten Wahrheit und Wirklichkeit, um sie vor der menschlichen Inanspruchnahme zu schützen und sie als eben *die* Wahrheit und Wirklichkeit aufrecht zu erhalten. Gleichzeitig muß er aber das raumzeitlich bedingte Menschsein Jesu

Christi betonen, ohne das nicht von Offenbarung (etwas wird *jemanden* offenbart!) gesprochen werden kann. Damit spricht er letztendlich dem Menschen Jesus Christus eine Position zwischen göttlicher Absolutheit und menschlicher raumzeitlicher Bedingtheit zu.

Wenn Barth über die raumzeitliche Existenz des Menschen spricht, meint er die des Menschen Jesus Christus. Anthropologie kann bei ihm nur im Fokus der Christologie gesehen werden. Damit kann er den Zusammenhang von Sein-Sollen-Selbst in der göttlichen Wahrheit und Wirklichkeit seinen Ursprung haben lassen, der dem Menschen Jesus von Nazareth durch Gott den Sohn gegeben ist. Gleichzeitig kommt aber auch die Wichtigkeit der Erkenntnis dieses Zusammenhangs für den Menschen zum Tragen, da der Mensch in seiner Existenz handelnd im Austausch mit anderen Menschen steht. Erst durch das Erkennen des Zusammenhangs Sein-Sollen-Selbst, das in der Gottebenbildlichkeit begründet liegt, kann es zum wahren menschlichen Umgang miteinander kommen. Erst dadurch beginnt (!) der Mensch sein wahres Menschsein aktual zu leben. Er erkennt etwas, das außerhalb seiner raumzeitlich bedingten Existenz liegt, das aber existentiell grundlegend wichtig ist. Copray drückt das mit folgenden Worten aus:

„Die Offenbarung in der geschichtlichen Gestalt Jesus Christus ist der schärfste, bleibende Einwand gegen jeden Versuch, ohne Inspruchnahme der Offenbarung Gottes in Jesus Christus Kategorien der Existenz des Menschen angesichts möglicher Offenbarung benennen zu wollen. Daß eine bestimmte Grundform der Humanität des Menschen der Offenbarung Gottes entspricht, zeigt sich erst durch die Offenbarung selbst und ist nur diesseits der Selbstmitteilung Gottes festzustellen. [...] Der Mensch bleibt – auch als Subjekt – bedingt und endlich. Sein Subjektsein gründet nicht in eigener Mächtigkeit und Unbedingtheit. [...] Subjektsein des Menschen ist eine Weise des Bedingtseins, die auf die Unbedingtheit Gottes angewiesen bleibt."[138]

---

[138] Copray, Kommunikation und Offenbarung, 170.

Durch die Wirkung Gott des Sohnes im Menschen Jesus Christus kann der Mensch erst beginnen zu begreifen, was sein Menschsein bedeutet.[139] Diese Menschsein, das immer durch das wahre Menschsein Christi angesprochen wird, ist aber auch bei Barth wichtig zu nehmen, „[d]enn das konkrete, geschichtliche Auftreten Jesu läßt sich nicht in transzendentale, idealistische und universalgeschichtliche Konzepte verrechnen."[140] Durch dieses Auftreten wird „die Kommunikation der Menschen untereinander begründet"[141], in der das „Du" als dem „Ich" gleichursprünglich erfahren wird.[142] Bei diesem Zusammensein von „Du" und „Ich" verbietet sich „jede abstrakte, d.h. losgelöste Bestimmung anthropologischer Grundform."[143] Vielmehr muß der Mensch in seinem Umgang mit den Mitmenschen ein aktual Handelnder sein. Er muß seine Humanität leben. Das macht die grundlegende Wichtigkeit des raumzeitlich bedingten Menschseins jedes einzelnen Menschen aus, somit auch der raumzeitlichen Existenz Jesu Christi in Jesus von Nazareth als dem Dreh- und Angelpunkt jeglichen Menschseins. Folglich ist es nicht gerechtfertigt, bei Barth für eine „Christologie von oben" zu plädieren, außer es wird damit die Unmittelbarkeit des Bewußtseins in Jesus Christus angesprochen, mit der er sein Selbst durch Gott den Sohn konstituiert erkennt.

Karl Barth selbst spricht sich für die Untrennbarkeit von Dogmatik und Ethik aus. Für ihn geht es „in der ganzen Dogmatik durchweg auch um Ethik, d.h. um das Sein und Handeln des Menschen."[144] Dogmatik, die ihren Ausgangspunkt in der Wahrheit und Wirklichkeit

---

[139] Vgl. dazu Frey, Die Theologie Karl Barths, 216ff.
[140] Copray, Kommunikation und Offenbarung, 139f.
[141] Ebd., 142. Copray geht davon aus, daß die menschliche Kommunikation unverzichtbares und unhintergehbares Fundament menschlicher Existenz ist. Darüber hinaus schließt sie auch alle Momente der menschlichen Wirklichkeit in sich ein und läßt sie aus sich hervorgehen. Dieses Verständnis von Kommunikation entspricht ungefähr dem Verständnis von wahrem Menschsein, wie es in der vorliegenden Arbeit angesprochen wird; Herms (Offenbarung und Glaube, 219f.), schreibt von der grundlegenden Funktion der religiösen Offenbarung für den partnerschaftlichen Umgang der Menschen untereinander.
[142] Vgl. Barth, KD III/2, 242. 296ff.
[143] Copray, Kommunikation und Offenbarung, 143.
[144] Vgl. Barth, KD I/2, 877.

des trinitarischen Seins Gottes nimmt, kann nicht von Ethik getrennt gesehen werden, will sie nicht „jenen Geruch einer lebensfremden und wegen ihres bloßen ‚Intellektualismus' geradezu bedenklichen Angelegenheit"[145] werden. Offenbarung bzw. das Wort Gottes, als Ausgangspunkt der Dogmatik, muß gehört werden können. Die göttliche Absolutheit muß in der raumzeitlichen Bedingtheit des Menschen erfahren werden können, um als Absolutheit zu gelten. Der Mensch muß sich durch Offenbarung der existentiellen Bedeutung des Handelns bewußt werden. Er muß erkennen, daß die Offenbarung der göttlichen Absolutheit Auswirkungen auf sein Handeln bzw. seinen Umgang mit anderen Menschen haben muß.[146] Andererseits darf Ethik nicht als getrennt von Dogmatik gesehen werden, um sie nicht der menschlichen Willkür zu unterwerfen, d.h. als rein philosophische Disziplin zu betrachten.[147] Es kommt zu einer „fatalen Vertauschung der Subjekte, nämlich Gottes und des Menschen"[148], wobei der Mensch als das die Ethik konstituierende Subjekt betrachtet wird. Beides muß in seiner gegenseitigen notwendigen Bedingtheit gesehen werden, wobei von vollkommener Übereinstimmung nur im Menschen Jesus Christus gesprochen werden kann.

Das Offenbarungsverständnis von Karl Barth läßt sich in seiner Form ohne Zweifel im christlichen Kulturraum und folglich im Christentum anwenden. Dabei muß jedoch der Glaubensakt selbst in seiner Dynamik in den Blick genommen werden, weil Glaube nicht, wie es bei Barth oftmals den Anschein hat, „vom Himmel fallen" kann. Der Blick muß mehr auf die Entwicklung des Glaubens selbst gerichtet werden, der mehr Kontinuität zugesprochen werden muß, als das bei Barth der Fall ist. Für ihn offenbart Gott seine Wahrheit und Wirklichkeit in Jesus Christus, auf den der christliche Glaube als fundamentalen Ausgangspunkt gründet. Jedoch, so die Kritik Bernhardts, schreibt Barth nicht in der Glaubenssprache, sondern scheinbar in „ob-

---

[145] Vgl. ebd., 881.
[146] Herms (Glaube und Offenbarung, 177) spricht der „sinnlichen Affektion" des Offenbarungsempfängers und seiner „Provokation zu leibhafter Eigenaktivität". Darüber hinaus muß der Offenbarungsempfänger eine Wirkung der Absolutheit auf sein Personsein verspüren.
[147] Vgl. Barth, KD I/2, 877.
[148] Vgl. ebd., 884.

jektiver Berichtssprache".[149] Somit entsteht der Eindruck, Barth berichte nicht aus christlicher Innenperspektive, die selbst einem Entwicklungsprozeß des Glaubens unterliegt. Vielmehr „geht Barth ganz in seiner Sache auf, so als ob Gott seine Theologie von vornherein geheiligt hätte."[150] „Barths Theologie", so Bernhardt weiter „bringt nicht zum Ausdruck, daß sie sich selbst als frommes Werk eines religiösen Menschen versteht; sie gibt nicht zu erkennen, daß sie als demütig Suchende vor Gott steht."[151] Diese auf die von Barth verwendete Sprache gehende Kritik Reinhold Bernhardts ist durchaus verständlich, da diese Sprache einen Absolutheitsanspruch des Christentum über alle anderen Religionen impliziert, und gerade nicht die raumzeitliche Bedingtheit des Menschen und seiner Sprache in den Blick nimmt.[152] Sieht man von der Verabsolutierung in der Sprache von Barth ab, bietet sein Offenbarungsverständnis einen durchaus auch heute noch anwendbaren und vor allem brauchbaren Ansatz, der dem

---

[149] Vgl. Bernhardt, Absolutheitsanspruch, 170.
[150] Ebd.
[151] Ebd., 169.
[152] Dazu ist bei Bernhardt (ebd., 165.173) zu lesen: „Daß Gott diese Festlegung [nämlich Herr des Geschehens zu sein] auch *außerhalb* der wahren Religion zur Geltung bringen kann, daß er auch hier rechtfertigend und heiligend tätig zu werden vermag, daß also das ‚ein-für-allemal in Christus' nicht bedeuten muß, außerhalb des Christentums könne es nur Unwahrheiten geben – diesen Gedanken denkt Barth erst spät und öffnet damit die strenge Exklusivitätsbehauptung. [...] Barth eröffnet in seinem Spätwerk die Möglichkeit zu einer Anerkennung der außerchristlichen Religionen, doch er nutzt diese Möglichkeit nicht; das lauter werdende ‚Ja' nimmt dem christokratisch motivierten ‚Nein' nichts an Vehemenz."

Menschen seine Selbstüberheblichkeit und Selbstüberschätzung gegenüber dem Leben deutlich vor Augen führen kann.

B. KARL RAHNER

I. Kurzer Überblick

Karl Rahner wählt die menschliche Erfahrung als Ausgangspunkt seines offenbarungstheologischen Konzepts. Es stellt sich bei ihm die Frage, wie der Mensch aus seiner Erfahrung heraus Gott und seine Offenbarung erkennen kann. Wie kann der Mensch von einem Aposteriori auf ein Apriori schließen? Die Antwort muß, nach Rahner, lauten, daß solch einem Aposteriori schon immer ein Apriori inhärent ist bzw. vorausgehen muß. Mit anderen Worten: dem Menschen in seinem aktual-faktischen Dasein, das für Rahner den Ausgangspunkt bildet, muß etwas bewußt oder unbewußt mitgegeben sein, von dem aus er auf die Wahrheit und Wirklichkeit Gottes schließen kann. Der menschliche Geist kann in seiner Dynamik zu Gott aufsteigen. Die göttliche Wirklichkeit kann folglich nicht in einem solchen Maß, wie es bei Barth der Fall ist, als absolut statisch auf die raumzeitliche Bedingtheit des Menschen treffend verstanden werden. Vielmehr kommt es zu einem eher dynamischen Verständnis, das aus der raumzeitlichen Bedingtheit des Menschen heraus auf die göttliche Wahrheit bzw. Wirklichkeit zielt. Rahner spricht deswegen mehr von der Transzendenz dieser Wahrheit und Wirklichkeit, weniger von der Absolutheit.

Dem Menschen ist zwar in seiner raumzeitlichen Bedingtheit auch göttliche Wirklichkeit inhärent, dennoch darf er nicht allein in den Erkenntnissen seiner innerweltlichen Erfahrungen „steckenbleiben". Soll er ein wahres Selbstverständnis erlangen, so kann er nicht ausschließlich auf rein empirische, als allein vom eigenen Ich ausgehende, Erfahrungen bauen. Aufgrund solcher Erfahrungen kann der Mensch lediglich um sein eigenes Selbst als erkennendes Subjekt wissen, d.h. sein Selbst als Ausgangspunkt von Erkenntnis begreifen.[153] Darüber hinaus weiß er um seine in derartiger Erkenntnis liegende raumzeitliche Beschränktheit, was bedeutet, daß der Mensch sich bereits bewußt ist, daß in seiner Erkenntnis, soll sie wirkliche Erkenntnis sein, etwas außerhalb von Raum und Zeit Liegendes enthalten sein muß. Rahner nennt aus solchen Erkenntnissen resultierende Erfahrung die transzendentale Erfahrung, die schon über das menschliche Selbst hinausweist.[154] In dieser transzendentalen Erfahrung ist bereits ein „anonymes und unthematisches Wissen von Gott"[155] mitgegeben, aber das allein kann dem Menschen das aufgrund seiner Gottebenbildlichkeit implizierte Sollen nicht vor Augen führen. Es käme zu einem falschen menschlichen Selbstverständnis. Der Mensch als etwas Geschaffenes verdankt sein Geschöpfsein einer umfassenden Macht, die nach biblischem Verständnis Gott ist. Dieses dem Menschen geschenkte Sein, das jedem Menschen je individuell mitgegeben ist, hängt mit einem bestimmten Selbstverständnis und Sollen zusammen, da sowohl Sein (=individuelles menschliches Dasein) als auch das menschliche Selbst und Sollen in Gott ihren Ursprung haben. Nur die Erkenntnis des Zusammenhangs von Sein und Sollen führt zum wahren Selbstverständnis des Menschen.

Nach der Auffassung Rahners muß der Mensch über seine innerweltlich zu erlangende Erkenntnis und Erfahrung nicht nur unbewußt hinausgreifen, um sich in seinem Menschsein zu verstehen und somit nicht nur sein Sein, sondern auch sein Sollen zu erkennen. Er muß ein solches Hinausgreifen bewußt, d.h. thematisch, auf Gott hin vollziehen, um sich in seinem Selbst wirklich verstehen zu können.[156] Nur dadurch gelangt er zu wahrem Menschsein, resultierend aus einem wahren Selbstverständnis, das in der Erkenntnis des Zusammenhangs von Sein, Sollen und Gottebenbildlichkeit besteht. Bei diesem

---

[153] Vgl. Rahner, Karl, Wagnis des Glaubens, Freiburg im Breisgau (u.a.) 1974, 72f.
[154] Vgl. Rahner, Grundkurs des Glaubens. Einführung in den Begriff des Christentums, Freiburg im Breisgau (u.a.), 1976, 31f.
[155] Ebd., 32.
[156] Vgl. Rahner, Schriften zur Theologie, Bd. X, Zürich (u.a.) 1972, 137.

Hinausgreifen ist der Mensch selbst der aktive Ausgangspunkt. Es ist der Mensch selbst, der das ihm inhärente, transzendentale Apriori aktivieren kann. Rahner vollzieht damit die sogenannte „anthropologische Wende", d.h. die menschliche Erfahrung stellt den Punkt dar, von dem aus jegliches Offenbarungsgeschehen „ins Rollen gebracht wird". Dabei ist jedoch zu beachten, daß dem Menschen die Bedingung der Möglichkeit, Offenbarung aufgrund seines geschenkten Daseins zu erkennen und zu erfahren, immer schon im sogenannten „übernatürlichen Existential", das die Grundlage transzendentaler Erfahrung bildet, gegeben ist.

Da Rahner mit dem Menschen und seiner Erfahrung selbst beginnt, wird in seinem Offenbarungsverständnis der Pneumatologie, d.h. der Wirkung des Heiligen Geistes, eine gewichtigere Rolle zugesprochen, als das bei Barth der Fall ist.[157] Die Wirkung des Geistes geht der Erkenntnis der göttlichen Erfahrung vermittelt durch Jesus Christus voran, da der Mensch primär in seinem Wesen Geist ist.[158] Die *a priori* gegebene Fähigkeit zur Geisttranszendenz ermöglicht dem Menschen sein Sein als geschenktes wahrzunehmen, und verweist auf Gott.[159] Der Mensch in seiner wesensmäßigen Offenheit auf das Absolute hin, ist sich der Begrenztheit seines Daseins bewußt, da er jeglichen Gegenstand, der ihm raumzeitlich begrenzt vorgegeben ist, immer fragend übersteigen kann.[160] Ihm ist es dadurch möglich, sein Selbst als ebenfalls offen wahrzunehmen und es nicht auf sein

---

[157] Thematisch steht die Betonung der Wirkung des Heiligen Geistes dem „Extra Calvinisticum" nahe, das, wie später noch gezeigt werden wird, bei Rahner durch die Verwendung seiner „Transzendentalen Christologie", die in unmittelbarer Verbindung mit dem transzendenten Christus gesehen werden muß, durchaus seine Anwendung findet; zum Begriff „Extra Calvinisticum" s. Schöpsdau,Walter, Extra Calvinisticum, in: RGG, Bd. 2, Tübingen 4. Aufl. 1999, 1841f.; ebenso Heiko A. Oberman, Die „Extra"-Dimension in der Theologie Calvins, in: Kurt Aland / Walther Eltester (Hg.), Geist und Geschichte in der Reformation, FS Hanns Rückert, Berlin 1966, 323-356 und Link, Christian, Die Entscheidung der Christologie Calvins und ihre theologische Bedeutung. Das sogenannte Extra Calvinisticum, in: EvTh, 47. Jahrgang 1987, 97-119.

[158] Vgl. Rahner, Hörer des Wortes. Zur Grundlegung einer Religionsphilosophie, neu bearbeitet von J.B. Metz, München 1963, 71ff.

[159] Vgl. ebd., 83.85.

[160] Vgl. Rahner, Wagnis, ebd., 17f.

begrenztes Dasein zu reduzieren.[161] Die in dieser Offenheit inhärente Gotteserfahrung ist jedoch noch keine thematische, d.h., sie ist noch unbewußt und anonym. Der Mensch gelangt zu einem Verständnis seines verdankten Seins, weil er seine wesensmäßige Offenheit, die die raumzeitlichen Schranken seiner Erkenntnis durchbricht, erfährt. Er kann diese Offenheit aber noch nicht bewußt thematisieren und so zu einem Verständnis seines Selbst, als wahrem Menschsein, gelangen, das ein bestimmtes, daraus resultierendes, Sollen impliziert.

In dieser ersten, unbewußten Gotteserfahrung ist der Mensch zunächst einmal „Geist in Welt"[162]. Seine Geisttranszendenz macht sich in der transzendentalen Erfahrung bemerkbar und ist ihm durch das „übernatürliche Existential" vermittelt. Aber durch dieses „Geist in Welt"-Sein des Menschen ist die Göttlichkeit der Offenbarung, als außerhalb menschlicher Macht liegend, noch nicht gewährleistet, da der Geist, als etwas rein Tanszendentes, kein faktisch ausweisbares Merkmal menschlichen „Selbst-Verstehens" und Sollens in der Welt sein kann. Die Geisttranszendenz allein kann dem Menschen sein Selbst nicht vollkommen verständlich machen und ebensowenig sein Sollen. Offenbarung, als das Erkennen vom Zusammen von Selbst, Sein und Sollen ist durch die Wirkung des Geistes allein nicht möglich, wenngleich auch der Geist den unumgehbaren Ausgangspunkt als Bedingung der Möglichkeit darstellt. Er bildet eine notwendige, aber nicht hinreichende Bedingung die göttliche Offenbarung zu erkennen. Allein durch die Geisttranszendenz des Menschen kann ein subjektives und relatives Offenbarungsverständnis nicht gänzlich ausgeschlossen werden. Folglich muß noch ein bestimmter Aspekt in der Offenheit des Menschen auf das Absolute hin vorhanden sein, der dieses Absolute unmittelbar mit Gott in Verbindung bringt, d.h., der den menschlichen Geist auch wirklich auf *den* Gott ausrichtet, der in seinem trinitarischen Sein Ursprung von allem ist. Dieser bestimmte Aspekt der menschlichen Offenheit ist die mit dem „übernatürlichen Existential" verbundene „transzendentale Christologie".

---

[161] Vgl. Weger, Karl-Heinz, Karl Rahner. Eine Einführung in sein theologisches Denken, Freiburg im Breisgau (u.a.) 1978, 42.
[162] Rahner, Karl, Geist in Welt. Zur Metaphysik der endlichen Erkenntnis bei Thomas von Aquin, 2. Aufl. München 1957.

Das „übernatürliche Existential" gibt dem Menschen den Zusammenhang von Sein-Sollen-Selbst insofern vor, daß es ein prinzipielles menschliches Ausgerichtetsein auf etwas, diesen Zusammenhang konstituierendes Transzendentes ausdrückt. Auf der Stufe des „übernatürlichen Existentials" ist sich der Mensch der Konkretheit (im Sinne des „Woraufhin") dieses Ausgerichtetseins noch nicht bewußt. Er hat das transzendente Gegenüber noch nicht thematisiert. Erst mit Hilfe der „transzendentalen Christologie", bei der dem Menschen eine „Idee Christi" *a priori* inhärent ist, kann der Mensch sich diesen Zusammenhang bewußt machen und ihn allein in Gott gegründet erkennen. Folglich bildet die „transzendentale Christologie" die Bedingung der Möglichkeit für Gotteserkenntnis.

Es ist bei Rahner schwierig eine genaue Unterscheidung zwischen dem „übernatürlichen Existential" und der „transzendentalen Christologie" vorzunehmen. Beides muß bei ihm als im menschlichen Wesen verankert angesehen werden. Dabei ist er jedoch explizit auf die mit der „transzendentalen Christologie" in enger Verbindung stehenden „Idee Christi" angewiesen, um ein subjektives bzw. relatives Offenbarungsverständnis zu vermeiden. Das menschliche Ich selbst darf nicht zum Ausgangspunkt *und* Ursprung (als Bedingung der Möglichkeit, als Ausgangspunkt zu fungieren) der Offenbarung werden. Der Mensch kann sich in seiner transzendentalen Offenheit seinen Zielpunkt für sein Sollen und sein Selbst nicht eigens auswählen. Er bleibt uneingeschränkt in seinem Menschsein auf Jesus Christus verwiesen.

Es stellt sich an diesem Punkt die Frage, wie die zunächst ebenfalls nur unbewußte (da lediglich als *Bedingung* der Möglichkeit und nicht schon als Möglichkeit selbst vorhandene), transzendentale „Idee Christi" „aktiviert" werden kann. Wie kann der Mensch, raumzeitlich gebunden, sein Sollen und sein Selbst, das seiner Gottebenbildlichkeit entspricht, in dieser transzendentalen Vorgegebenheit erkennen? Die Antwort lautet: in der Geschichte Jesu Christi. Der Mensch kann sein Sollen und sein Selbst nur an einem Konkretum ausmachen.[163] Ansonsten bliebe ein solches Sollen und das daraus resultierende wahre

---

[163] Vgl Hilberath, . Bernd Jochen, Karl Rahner. Gottgeheimnis Mensch., Mainz 1995, 40.

Selbstverständnis des Menschen immer etwas Unreflektiertes, Unbewußtes und Unthematisiertes, was aber nicht der Fall sein kann, soll überhaupt von einem menschlichen Selbst gesprochen werden. Schon allein die Rede vom menschlichen Selbst setzt die bewußte Erkenntnis eines solchen voraus. Um zu seinem wahren Selbstverständnis zu gelangen, bedarf die Geisttranszendenz des Menschen der „transzendentalen Christologie", die wiederum nicht von einem ihr korrespondierenden geschichtlichen Konkretum absehen darf.[164] Umgekehrt bedarf die Geschichte in ihren konkreten Ereignissen „nur" der dem Menschen *a priori* gegebenen Geisttranszendenz.[165]

In der Geschichte und der daraus resultierenden geschichtlichen Erfahrung Jesu von Nazareth ist die „Idee Christi" real geworden.[166] Der Mensch in seinem verdankten Sein, dessen er sich durch sein übernatürliches Existential bewußt ist, ist in seinem Menschsein, und somit in seinem wahren menschlichen Selbstverständnis, d.h. seinem Sollen, auch bei Rahner auf Jesus Christus verwiesen.[167] Er ist die *conditio sine qua non* des menschlichen Selbstverständnisses,[168] d.h. *die* göttliche Offenbarung für den Menschen. Dabei muß bei Rahner jedoch mehr von einer Offenbarungserfahrung des Menschen gesprochen werden, da die jedem Menschen inhärente „Idee Christi" aus der menschlichen Erfahrung heraus „aktiviert" werden kann und muß.

Die „Idee Christi" nimmt aber in einem gewissen Sinne den Offenbarungsinhalt, nämlich des dem Menschen geoffenbarte Selbstverständnis und Sollen in Jesus Christus, schon vorweg, aufgrund der Apriorizität der „transzendentalen Christologie" gegenüber der Aposteriorizität der Geschichte Jesu von Nazareth. Es ist dem Men-

---

[164] Wie im Laufe der weiteren Arbeit noch ersichtlich werden wird, kommt es bei Rahner zu einer Überbetonung der „transzendentalen Christologie" gegenüber dem ihr korrespondierten geschichtlichen Konkretum, nämlich der raumzeitlich bedingten Geschichte Jesu von Nazareth.

[165] Vgl. Rahner, Schriften zur Theologie, Bd. VI, Zürich (u.a.) 1965, 2. Aufl. 1968, 70f.

[166] Vgl. Rahner, Schriften zur Theologie, Bd. IX, Einsiedeln (u.a.) 1970, 2. Aufl. 1972, 107.

[167] Vgl. Bokwa, Ignacy, Christologie als Anfang und Ende der Anthropologie. Über das gegenseitige Verhältnis zwischen Christologie und Anthropologie bei Karl Rahner (Europäische Hochschulschriften: Reihe 23, Theologie; Bd. 381), Frankfurt am Main (u.a.) 1990, 123.

[168] Vgl. ebd., 99.

schen folglich potentiell möglich, sein wahres Menschsein auch ohne Konfrontation mit Jesus von Nazareth zu leben, bzw. es bereits aktual unbewußt zu leben. Aber auch im bewußten Erkennen seines wahren Menschseins, ist er nicht auf den historischen Jesus angewiesen. Vielmehr spielt die Begegnung mit dem Christus des Glaubens die herausragende Rolle.

II. Anthropologie: Die transzendentale Erfahrung des Menschen als grundsätzliche Offenheit für die absolute Wahrheit und Wirklichkeit Gottes

Für Karl Rahner muß die Theologie und damit ebenfalls das Verständnis von Offenbarung beim Menschen selbst ihren Ausgangspunkt haben. Der Mensch kann Gott als Wirklichkeit erfahren, wobei, anders als bei Barth, diese Wirklichkeit immer mit der je spezifischen Situation des Menschen in Verbindung steht,[169] wobei diese Situation in einem gewissen Maß bereits durch die von Rahner angenommene „Idee Christi" vorbestimmt ist. Dennoch gibt es für ihn keine absolute göttliche Wirklichkeit im Barth`schen Sinn, mit der vor aller menschlichen Wirklichkeit begonnen werden muß. Die göttliche Wirklichkeit liegt für ihn vielmehr im menschlichen Wesen begründet.

Der Mensch betreibt Theologie, d.h. er muß nach Gott aus seiner raumzeitlichen Bedingtheit heraus fragen können. Er muß sich zuerst auf die Suche begeben und kann nicht schon vor allem Suchen sein absolutes Ziel vor Augen haben. Dementsprechend ist die göttliche Offenbarung nicht etwas prinzipiell für den Menschen Unzugängliches, weil sie einen Rückschluß von der bedingten menschlichen Existenz auf die angenommene göttliche Absolutheit impliziert,[170] als

---

[169] Vgl. Rahner, Schriften, Bd. IX, 161f.
[170] An dieser Stelle soll zunächst nur die von Rahner explizit dargelegte Identität der „ökonomischen" und „immanenten" Trinität bzw. des „ökonomischen" und „immanenten" Logos angesprochen werden, die es im weiteren Verlauf dieser Arbeit noch näher darzulegen gilt (dazu Rahner, Der dreifaltige Gott als transzendenter Ursprung der Heilsgeschichte, in: Feiner, Johannes / Löhrer, Magnus (Hg.), MySal. Grundriß Heilsgeschichtlicher Dogmatik, Zürich (u.a.) 1967, 3. Aufl. 1978, 318-347).

dessen Bedingung der Möglichkeit, die jedem Menschen *a priori* gegebene „Idee Christi" und die damit verbundene „transzendentale Christologie" gilt.

Rahner zieht folglich keinen unüberbrückbaren Graben zwischen göttlicher Absolutheit und der raumzeitlich bedingten menschlichen Existenz bezüglich der göttlichen Offenbarung als Offenbarwerden der göttlichen Wahrheit und Wirklichkeit. Erst wenn sich der Mensch der Notwendigkeit Gottes aus seinem Menschsein heraus bewußt ist, kann von göttlicher Wirklichkeit und Wahrheit gesprochen werden. Hilberath beschreibt das in seiner Einführung zu Rahner mit folgenden Worten:

> „Damit hat Karl Rahner für sich realisiert, was generell die *anthropologische Wende* der Theologie oder noch genereller die anthropologische Wende des neuzeitlichen Denkens überhaupt genannt wird. Was ist damit gemeint? Gemeint ist damit nicht, daß der Mensch zum Maß aller Dinge wird; sondern gemeint ist damit, daß alles Denken von den Erfahrungen des Menschen ausgeht und auch noch das, was den Menschen weit übersteigt, was Sache Gottes ist, in seiner Bedeutung für die menschliche Selbsterfahrung aufgewiesen werden muß. Sein, das mir nichts bedeutet, existiert nicht – ob es darüber hinaus noch an und für sich existiert, spielt für meinen Selbstvollzug keine Rolle. Oder noch einmal anders formuliert: Selbst wenn ich Gott als den ganz Anderen beschreibe, als das absolute Geheimnis, wird es noch darauf ankommen, mir als Menschen deutlich zu machen, inwiefern ich auf dieses unergründliche Geheimnis verwiesen bin!"[171]

Für Rahner existiert eine untrennbare Verbindung zwischen Anthropologie und Wirklichkeit, weil es für ihn nur eine *Ver*wirklichung der göttlichen Wahrheit und Wirklichkeit in der raumzeitlichen Bedingtheit des Menschen geben kann. Dabei muß allerdings gesehen werden,

---

[171] Hilberath, Karl Rahner, 27.

daß die „Sache Gottes" für Rahner automatisch eine Bedeutung für die menschliche Selbsterfahrung haben muß, da der Mensch in seiner reflexiven Erfahrung seines Selbst auf die ihm inhärente (und von Rahner als *a priori* postulierte) „Idee Christi" stoßen muß, was einen „Beweis" göttlicher Offenbarung in Jesus Christus (auch wenn Gott darin das unergründliche Geheimnis bleibt) eminent erleichtert.[172] Das Offenbarungsverständnis kann nicht vom Weltverständnis des einzelnen Menschen gelöst betrachtet werden. Dennoch behauptet Rahner die grundsätzliche Unverfügbarkeit der göttlichen Offenbarung durch den Menschen. Sie kann vom Menschen nicht nur als „menschliches Wort in der Geschichte" ausgelegt werden, sondern muß stets „letztes Wort Gottes" bleiben.[173] Einerseits hat der Mensch Anteil an der Wirklichkeit und Wahrheit Gottes, andererseits hat er *nur* Anteil. Weil die göttliche Wirklichkeit und Wahrheit immer noch ein „Mehr" beinhaltet, bleibt stets weiterhin ein Geheimnis.[174] Dem Menschen ist Wirklichkeit und Wahrheit im ontologischen Sinn inhärent, gleichzei-

---

[172] Es schwingt bei Rahners „Beweisgang" der latente Beiklang einer Tautologie mit, weil er die zu verdeutlichende göttliche Wahrheit und Wirklichkeit, die in Jesus Christus offenbart wird, schon als *a priori* in der „Idee Christi" im Menschen verankert annimmt.
[173] Vgl. Weger, Karl Rahner, 90f.
[174] Dieses „Mehr" der göttlichen Wahrheit und Wirklichkeit könnte daher rühren, daß ein Unterschied zwischen der „Idee Christi" und Jesus Christus als dem Logos selbst gemacht werden muß. Während im Logos Jesus Christus die „immanente" und die „ökonomische" Trinität identisch sind, darf die „Idee Christi" lediglich als eine Art Formursache des einzelnen Menschen gesehen werden. Als Formursache raumzeitlich bedingten Menschseins weist die „Idee Christi" zwar auf die innertrinitarische göttliche Wahrheit und Wirklichkeit hin, ist jedoch nicht mit dieser identisch. Erst im Logos Jesus Christus (also bereits im erhöhten Jesus von Nazareth) kann von der Identität raumzeitlicher Bedingtheit (= „ökonomische" Trinität) und göttlicher Absolutheit (= „immanente" Trinität) gesprochen werden. Die „Idee Christi", als jedem Menschen *a priori* inhärent, ist folglich nicht auf einen bestimmten Menschen hin ausgelegt. Menschliche Natur ist in diesem Fall nicht das konstitutive Realsymbol des Logos selber, während vom bestimmten Menschsein, d.h. von *der bestimmten* menschlichen Natur des Logos Jesus Christus gesprochen werden muß (dazu Rahner, Der dreifaltige Gott, in: Feiner / Löhrer (Hg.), MySal, 334ff.). Dennoch ist dabei zu beachten, daß die Rede vom menschgewordenen Logos bei Rahner immer mit dem erhöhten Menschen Christus in Verbindung stehend gesehen werden muß, auf den die Menschen durch die „transzendentale Christologie" hin reflektieren.

tig kann er beides aber nicht in vollkommener Art und Weise besitzen.[175] Wie ist das zu verstehen?

In seiner raumzeitlich bedingten Existenz ist der Mensch kein sich selbst setzendes „geschlossenes" System. Vielmehr muß von dieser Existenz als von einer wesensmäßigen Offenheit ausgegangen werden, die grundsätzlich undefinierbar bleibt.[176] Es ist nach Rahner nicht möglich, den Menschen aufgrund einer „Menschenformel" zu beschreiben, weil er als „geistiges Subjekt" jedes ihm raumzeitlich Gegebene „immer fragend übersteigt".[177] Der Mensch kann sich in seinem Selbstverständnis niemals ganz definieren, auch wenn sein Selbst grundsätzlich in der raumzeitlich bedingten menschlichen Existenz bereits angelegt ist. Folglich muß die Offenheit des Menschen in eine mögliche Definition des menschlichen Wesens mit hinein genommen werden.[178]

Durch seine Offenheit auf das Absolute hin erfährt der Mensch sich als ein Wesen der Transzendenz.[179] In seinem innersten Wesenskern ist er damit schon immer auf das Absolute hin ausgerichtet. Dieser Partizipation kann sich der Mensch anhand von transzendentaler Erfahrung bewußt werden.[180] Eine solche Erfahrung nimmt ihren Ausgang in der Gegenstandserkenntnis, in der der Mensch sich in seinen sinnlichen Erfahrungen als auf ein Größeres, Umfassenderes bezogen erkennt.

Im Folgenden soll eine Unterscheidung zwischen drei verschiedenen, aufeinander aufbauenden Weisen des Sprachgebrauchs des

---

[175] Vgl. Rahner, Hörer, 64.
[176] Vgl. Weger, Karl Rahner, 41.
[177] Vgl. Rahner, Wagnis des Christen, Freiburg 1974, 17f.
[178] Vgl. Weger, Rahner, 42.
[179] Vgl. Rahner, Karl, Transzendentaltheologie , in: Ders. (Hg.), SM, Bd. IV, Freiburg (u.a.) 1969, 986-92.
[180] Vgl. Rahner, Grundkurs, 31f.; Hilberath macht bei dieser Definition von transzendentaler Erfahrung wieder auf die Beschränkung des Erkenntnisaktes aufmerksam. Er schreibt: „Ausgangspunkt der Rahner'schen Definition ist der Erkenntnisakt des Subjekts. Erst nachträglich weitet er das Gesagte auch auf den Willens- und Freiheitsakt aus. Damit bestätigt sich eine gewisse Schlagseite des Rahner'schen Denkens, insofern er in der stärker philosophisch bestimmten Phase der Grundzüge seiner Erkenntnismetaphysik ausarbeitet. Diese bleiben strukturbildend, auch wenn er zunehmend die Momente der Freiheit, der Personalität bzw. der Interpersonalität und der Geschichte zu integrieren versucht." (Hilberath, Karl Rahner, 83)

Transzendentalen vorgenommen werden, wie sie auch von Friedemann Greiner in seinem Buch *Die Menschlichkeit der Offenbarung* durchgeführt wird[181], zumal Rahner selbst einen solchen divergierenden Sprachgebrauch des Begriffs zugibt.[182]

1. Gegenstandserkenntnis als Erfahrung der wesensmäßigen Offenheit des Menschen

Bei der Gegenstandserkenntnis beginnt der Mensch seine Umwelt zu konstituieren und handelnd mit ihr umzugehen.[183] Nun verliert er sich aber nicht in dieser Wahrnehmung, sondern ist sich seiner Selbst als erkennendes Subjekt bewußt. Er löst sein Selbst nicht in der Erkenntnis seiner Umwelt auf, denn er „erfaßt (...) in jedem Urteil sich selber als ein in-sich-selber-ständiges Subjekt, das heißt sich selbst in seiner Subjektivität".[184] Das einzelne sinnlich Gegebene wird als Begrenztes erkannt. Dem Menschen ist durchaus bewußt, daß seinem Erkennen eine gewisse Einschränkung auferlegt ist. Es ist ihm unmöglich, dieses Erkennen als absolut zu sehen. Eine solche Einschränkung des menschlichen Erkennens impliziert eine bestimmte Grenzerfahrung, die darin besteht, daß der Mensch an die Grenze seines Erkennens stößt. Gleichzeitig greift er aber über diese Grenze hinaus, weil sie ihm als Eingrenzung seiner Wahrnehmung bewußt ist.

Durch dieses Hinausgreifen kommt es jedoch nicht zu einer Aufhebung der Begrenztheit. Rahner beschreibt das in sehr bildhafter Sprache:

„Aber diese unendliche Weite möglicher Erkenntnisse, Einsichten und Erfahrungen kommt nie von sich aus und

---

[181] Vgl. Friedemann Greiner, Die Menschlichkeit der Offenbarung. Die transzendentale Grundlegung der Theologie bei Karl Rahner (Münchener Universitäts-Schriften, Fachbereich Evangelische Theologie, Bd.2), München 1978, 15ff.
[182] Vgl. Rahner, Transzendentaltheologie, in: Ders. (Hg.), SM, 990f.
[183] Vgl. Rahner, Wagnis, 72.

mit eigenen Mitteln zu einer vollendeten Erfüllung. Der Raum, die Scheune, in die Erfahrung, Leben, Wissen, Glück, Schmerz und so fort eingefahren werden, ist unendlich und bleibt so immer halb leer (viel zu optimistisch gerechnet!)."[185]

Es werden permanent aufs neue solche Erkenntnisse gemacht, an denen „der ‚vorgreifende' Mensch sich immer auch in seiner Endlichkeit distanziert weiß"[186]. Trotz der Distanz des in seiner Endlichkeit (und raumzeitlichen Bedingtheit) sich erkennenden Menschen, ist er sich seines Subjektseins bei dieser Erkenntnishandlung bewußt. Der Mensch weiß sich als aktiver Ausgangspunkt des Über-sich-Hinausgreifens. Er „greift" in die absolute Weite des Erkennbaren vor. Er öffnet seine „In-sich-selber-Ständigkeit" der absoluten Weite des Erkennbaren, d.h. er setzt sein Subjektsein dem zu erkennenden Objekt gegenüber.[187] Der Mensch erfährt sich so als Subjekt des Übersich-Hinausgreifens in diese Absolutheit, die die Gegenstände als seiend konstituiert. Damit ist dem menschlichen Wesen eine Offenheit auf das Absolute hin inhärent, mit der der Mensch die Washeit der einzelnen Gegenstände erfassen kann.

Der Mensch erfaßt aus der absoluten Weite des Erkennbaren die Einzelmomente des Erkennens. Diesen Einzelmomenten kann dadurch Sein (im Sinne von Wirklichkeit) zugesprochen werden.[188] Dabei

---

[184] Vgl. ebd., 73; ebenso Rahner, Hörer 77f; siehe auch Simons, Eberhard, Philosophie der Offenbarung. Auseinandersetzung mit „Hörer des Wortes" von Karl Rahner, Stuttgart (u.a.) 1966, 33.
[185] Rahner, Wagnis, 17f.
[186] Vgl. Simons, Philosophie der Offenbarung, 77.
[187] Vgl. Rahner, Wagnis, 72.
[188] Der Vorgriff bzw. das „Eindringen" des erkennenden Subjekts in die absolute Weite des Erkennbaren kann nicht schon selbst als eigentliche Erkenntnis gelten, da es stets nur einen Moment an einem Erkenntnisakt, der immer auf einen bestimmten Gegenstand geht, darstellt. Dem Gegenstand selbst wird aber aufgrund des Vorgriffs Sein zugesprochen, wodurch dann doch bei diesem Vorgriff von einer Art Erkenntnis gesprochen werden kann, nämlich der Erkenntnis von Sein, d.h. Wirklichkeit (vgl. Rahner, Hörer, ebd., 79f.); An anderer Stelle schreibt Rahner dazu: „Die Möglichkeit, das in der sinnlichen Anschauung in Identität mit der Sinnlichkeit Gehabte als Gegenstand in einem wahren, ein Allgemeines über es aussagenden Urteil sich gegenüberzustellen, gründet in einem Vorgriff. Durch diesen wird die

dringt der Mensch aber nicht ins Zentrum der absoluten Weite des Erkennbaren vor, sondern streift in gewisser Weise immer nur die Peripherie. Folglich kann sein Subjektsein nicht als identisch mit der Absolutheit der Erkenntnisweite gesehen werden, „[v]ielmehr erfährt sich der Mensch gerade im Vollzug seiner freien Subjekthaftigkeit als Getragener, als Verfügter, und zwar in einer Verfügung, über die er selbst nicht mehr verfügen kann"[189].

Die Offenheit, die zum Wesen des Menschen gehört (und somit einen Aspekt des Endlichen in sich trägt), muß Offenheit auf nicht faßbare Absolutheit sein. Diese Absolutheit als Wirklichkeit konstituiert das Sein bzw. ist mit diesem identisch.[190] Durch den Vorgriff über seine eigene Existenz in der Welt hinaus „taucht" der Mensch in das absolute Sein und somit in die Wirklichkeit „ein". Ihm wird dadurch in seine menschliche Existenz selbst Wirklichkeit vermittelt. Jede menschliche Wahrnehmung als ein Urteil über Seiendes muß folglich immer über das Selbst des Menschen hinausgreifen. In anderen Worten ausgedrückt bedeutet das, daß der Mensch die Fähigkeit besitzt, nach dem „Was" eines sinnlich erkannten Gegenstandes zu fragen. Der Gegenstand begegnet dem Menschen als ein Seiendes, wobei der Mensch hinter dieses bloß Seiende „greifen" und so zum Sein „vor-

---

[189] in der concretio der Sinnlichkeit gehabte Form des sinnlichen Gegenstandes als durch die concretio begrenzt erkannt, dadurch abstrahiert und so die Möglichkeit erst eröffnet, die so abstrahierte Form auf den in der Sinnlichkeit in seinem Selbst gegebenen Gegenstand so zu beziehen, daß er als gegenständlich erscheint und damit das erkennende Subjekt als solches in seinem allgemeinen Wissen von ihm abhebt und dadurch die reditio completa vollendet". (Rahner, Geist in Welt, 396f.)

Raffelt, Albert / Rahner, Karl, Anthropologie und Theologie, in: Böckle, Franz (Hg.), CGG, Teilband 24, Freiburg 2. Aufl. 1981, 8-55, hier 22.

[190] Es stellt sich die Frage, ob der Vorgriff mit seiner ihm innewohnenden Endlichkeit nicht eigentlich auf das Nichts geht, da die Absolutheit, als nicht bewußt thematisierbar, für die Erkennbarkeit der Gegenstände keine Rolle spielt. Die Wahrnehmung der Gegenstände wäre somit mit einer immer neu aufzudeckenden Wahrheit verbunden. Damit wäre aber keinerlei Kontinuität in den Einzelerkenntnissen möglich. Weiterhin, so Rahner, ist das Nichts an sich schon die Verneinung des Endlichen, weil es eben gerade nicht das Endliche in seiner Begrenztheit offenbart. Vielmehr impliziert die Endlichkeit der Wahrnehmung das absolute Sein, weil eine Grenze nur als Grenze erkannt werden kann, aufgrund der Begrenzung selbst (vgl. Rahner, Hörer, 80f.).

dringen" kann. Dadurch partizipiert er am absoluten Sein, was wiederum heißt, daß der menschlichen Existenz selbst, durch diese Partizipation am absoluten Sein als absoluter Wirklichkeit, Wirklichkeit inhärent ist.

Anhand der Gegenstandserkenntnis erfährt der Mensch nur unbewußt von der Konstitution seines Selbst durch ein göttliches Gegenüber, da hierbei zunächst mehr vom absoluten Sein die Rede ist, von einem ontologischen Urprinzip, was noch nicht auf eine personale Gottheit schließen läßt. Der Mensch erfährt sich in der sinnlichen Wahrnehmung zwar als handelndes Subjekt einem Objekt gegenüber, gelangt darüber hinaus aber nicht zu einer wirklichen Erfahrung seines Selbst. Dennoch ist das Verständnis des Begriffs des Transzendentalen wie er bei der Gegenstandserkenntnis mitgegeben ist, wichtig für die Beschreibung der göttlichen Konstitution des menschlichen Selbst, da die sinnliche Wahrnehmung des Menschen die notwendigen Möglichkeitsbedingungen für eine metaphysische Erkenntnis beinhaltet. Es stellt sich dabei die Frage nach dem für diese Erkenntnis notwendig vorhandenen apriorischen Wesenskern des Menschen. Der Mensch ist in seiner wesensmäßigen Offenheit für Metaphysik grundsätzlich auch fähig, diese metaphysischen Strukturen in verschiedenen Gegenstandserkenntnissen zu erfahren. Es wird mit dem hier verwendeten Sprachgebrauch des Begriffs des Transzendentalen herausgestellt, warum der Mensch grundsätzlich, als Bedingung der Möglichkeit, auf Transzendenz angewiesen ist, was Rahner zunächst mit der sinnlichen Erkenntnis von Gegenständen und dem darin implizierten Abstraktionsvermögen begründet.[191]

2. Pneumatologie: Geist- und Gotteserfahrung in der Selbsterfahrung

Rahner überträgt die Erfahrung des Absoluten anhand der Gegenstandserkenntnis auf dessen Erfahrung in bestimmten menschlichen Situationen. Er erweitert die Erkenntnis der Offenheit des Menschen

---

[191] Vgl. Rahner, Schriften, Bd. IX, 98.

bezüglich der sinnlichen Wahrnehmung auf die menschliche Erfahrung im allgemeinen:

> „Wenn wir [...] vom materiell Seienden sprechen, so darf dieser Begriff nicht eingeengt werden auf vorhandene Dinge, die unmittelbares Objekt unserer äußeren Sinne auf Grund ihrer sinnlichen Qualitäten sind, sondern dieser Begriff umfaßt alles, was unmittelbar als solches einer hinnehmenden, einen einzelnen realen Gegenstand erfassenden Erkenntnis gegeben werden kann. So sind *nicht nur* die *äußeren* sinnlichen Gegenstände allein gemeint, sondern auch der Mensch selbst, insofern er im erkennenden und handelnden Umgehen mit seiner Mit- und Umwelt sich selbst in seiner konkreten Einzelheit erfaßt [Hervorhebungen M.F.]."[192]

In einem gewissen Sinn findet damit eine Erhöhung der Gegenstandserkenntnis statt.

Exkurs: Die Kritik Eberhard Simons an der Transzendentaltheologie Rahners und ihre Beurteilung

An dieser Stelle muß jedoch diese gerade angesprochene Erweiterung des Erkenntnisbegriffs genauer betrachtet werden, da die Richtigkeit einer solchen Erweiterung, basierend auf der Methodik Kants, von Eberhard Simons in seinem Buch „Philosophie der Offenbarung" in Frage gestellt wird.[193] Er erläutert kritisch, ob ein Übertrag von Gegenstandserkenntnis auf andere Grundweisen des Erkennens von Rahner, unter Beibehalt der Kant'schen Methodik, überhaupt vorgenommen werden darf. Simons erhebt u.a. den Vorwurf, daß der Gegenstandserkenntnis in ‚Hörer des Wortes' [HdW] eine Bedeutung beigemessen wird, die ihr gegenüber anderer Grundweisen des Erkennens

---

[192] Rahner, Hörer, 174f.
[193] Zur Kontroverse zwischen Simons und Rahner s. auch Gruber, Lambert, Transzendentalphilosophie und Theologie bei Johann Gottlieb Fichte und Karl Rahner (Disputationes Theologicae, Bd. 6), Frankfurt am Main 1978.

aber nicht zukommen dürfte.[194] Mit anderen Worten, er bezweifelt, daß der Mensch eine Selbsterkenntnis bzw. ein Bewußtsein seines Selbst über die Gegenstandserkenntnis erlangen kann, was aber durch eine Übernahme der Transzendentalphilosophie, wie es Rahner in seinen Ansatz durchgeführt hat, gefordert würde. Für Simons ist das Gegenüber, als das primär Andere des bei sich seienden Bewußtseins des Menschen, nicht das „sinnliche ‚Material'" bzw. die Sinnlichkeit, sondern das sittliche Sein bzw. das ‚Gute' ".[195] Für ihn ist eine Selbsterkenntnis des Menschen folglich nicht, wie es der u.a. auf Kants Methodik basierende Ansatz Rahners vermuten läßt, mit einer Gegenstandserkenntnis verbunden, sondern nur über das sittliche, insbesondere zwischenmenschliche, Sein möglich. Er schreibt:

> „Bekanntlich besteht nun von Kant her besonders für die philosophische Frage nach der Offenbarung die grundsätzliche Schwierigkeit, daß es nach ihm nur sinnliche Anschauung gibt. Die Möglichkeit der ursprünglich existentiellen wie sekundär reflexiven Selbst- und Freiheitserkenntnis als Erkenntnis nicht-sinnlicher Wirklichkeit war damit ebenso geleugnet wie die der Gotteserkenntnis. HdW geht – wenigstens formal – darin mit Kant einig, daß es, zumindest für das ‚natürliche' und nicht ‚gnadenhaft erhobene' Wesen des Menschen, eine andere als sinnliche Anschauung nicht gebe. Das verwickelt Eigenartige ist nun, daß HdW einerseits die transzendentale Methode Kants (formal) übernimmt, sie jedoch von der Kantischen erkenntnismetaphysischen Voraussetzung, nämlich der gegenseitigen konstitutiven Bedingtheit von Anschauung und Begriff, ablöst, dennoch als einzige die sinnliche Anschauung annimmt, daraus die Konsequenz der Verborgenheit Gottes ableitet und zugleich, ohne es einheitlich durchzuhalten, die Freiheits- und Gotteserkenntnis als Erkenntnis des Lichtes der Liebe als ur-

---

[194] Simons, Philosophie der Offenbarung, 58.
[195] Ebd., 83.

sprünglichen und einzigen Erkenntnis- und Seinsgrund behauptet."[196]

Rahner überträgt gemäß dieser Kritik den letztgültigen Erkenntnisgrund, der bei Kant in der transzendentalen Einheit des Selbstbewußtseins und somit im Menschen als Subjekt selbst liegt,[197] auf ein objektives absolutes Sein außerhalb menschlichen Selbstbewußtseins. Das von Kant als Wurzel von Subjektivität und Objektivität angenommene transzendentale Selbstbewußtsein, das dieser nur auf Gegenstandserkenntnis bezieht, wird von Rahner ohne expliziten Grund auf Erkenntnisse nicht-sinnlicher Art übertragen. Dadurch kommt es zu einem Dualismus von Subjektivität (= Mensch als Ausgangspunkt des „Über-sich-Hinausgreifens") und Objektivität (= das, auf das hinaus gegriffen wird), der bei Kant nicht vorliegt. Jedoch ist dieser Dualismus in einer bestimmten Weise von Rahner beabsichtigt. Während bei Kant durch Urteile und die damit verbundenen reinen Kategorien ein bestimmter Gegenstand erst konstituiert und als dieser erkannt wird, spricht Rahner „vom Akt des Urteilens als der Bestimmung dessen,

---

[196] Ebd., 85.
[197] Vgl. Immanuel Kant, Kritik der reinen Vernunft, Würzburg 1976, 140b ff. (gemäß der 2. Aufl. von 1787 der Originalausgabe, B131ff.), wo es heißt: „Das: *Ich denke*, muß all meine Vorstellungen begleiten *können*, denn sonst würde etwas in mir vorgestellt werden, was gar nicht gedacht werden könnte, welches ebensoviel heißt, als die Vorstellung würde entweder unmöglich, oder wenigstens für mich nichts sein. [...] Also hat alles Mannigfaltige der Anschauung eine notwendige Beziehung auf das: *Ich denke*, in demselben Subjekt, darin diese Mannigfaltige angetroffen wird. Diese Vorstellung aber ist ein Aktus der *Spontaneität*, d.i. sie kann nicht als zur Sinnlichkeit gehörig angesehen werden. Ich nenne sie die *reine Apperzeption*, um sie von der *empirischen* zu unterscheiden, oder auch die *ursprüngliche Apperzeption*, weil sie dasjenige Selbstbewußtsein ist, was, indem es die Vorstellung *Ich denke* hervorbringt, die alle anderen muß begleiten können, und in allem Bewußtsein ein und dasselbe ist, von keiner weiter begleitet werden kann. Ich nenne auch die Einheit derselben die *transzendentale* Einheit des Selbstbewußtseins, um die Möglichkeit der Erkenntnis a priori aus ihr zu bezeichnen. Denn die mannigfaltigen Vorstellungen, die in einer gewissen Anschauung gegeben werden, würden nicht insgesamt *meine* Vorstellungen sein, wenn sie nicht insgesamt zu meinem Selbstbewußtsein gehörten, d.i. als meine Vorstellungen (ob ich mich ihrer gleich nicht als solcher bewußt bin) müssen sie doch der Bedingung notwendig gemäß sein, unter der sie allein in einem allgemeinen Selbstbewußtsein zusammenstehen *können*, weil sie sonst nicht durchgängig mir angehören würden."

wie ein Gegenstand ‚Sein hat'"[198]. Kant beschränkt sich auf eine gegenstandskonstituierende Epistemologie. Die Frage nach der ontologischen Verankerung und folglich nach dem Gegenstand an sich (= „Ding an sich") hält er aufgrund der gegenseitigen Abhängigkeit von menschlicher Sinnlichkeit und den diese affizierenden Gegenstandes für nicht zu beantworten. Rahner fragt darüber hinaus nach der ontologischen Verankerung, die eine Gegenstandserkenntnis überhaupt erst möglich macht. Er integriert die rein erkenntnismetaphysische Methode in die Ontologie.[199] Bei Kant konstituieren die apriorischen Strukturen des menschlichen Bewußtseins die Gegenstände. So wird die Welt zu einem für den Menschen erkennbaren strukturierten Gefüge. Der Mensch kann nur das in der Welt erkennen, was er zuvor in sie hineingedacht hat. Rahner hingegen setzt beim bereits schon wirksamen Weltbezug des Menschen als Subjekt an. Der grundlegende Unterschied zwischen diesen beiden Ansatzpunkten basiert auf der Verwendung der Copula „ist" und ist in deren unterschiedlichen Funktionen zu sehen. Neuhaus schreibt dazu:

„[D]iese Copula verknüpft nicht nur das grammatische Subjekt einer Aussage mit einem Prädikat, sondern leistet gleichzeitig die Affirmation dieser Synthesis als einer Bestimmung, die dem zu bestimmenden Subjekt auch unabhängig vom Urteilsakt zukommt (‚Es ist so'). Wenn aber das Urteil nicht nur eine Synthesis zwischen Subjekt und Prädikat herstellt, sondern darin zugleich die subjektunabhängige Gültigkeit dieser Synthesis behauptet – Rahner spricht in diesem Sinne von einer „affirmativen Synthesis" –, dann liegt im Vollsinn des Urteils die Voraussetzung begründet, daß die Konstitution von Gegenständen nicht erst durch den Akt des Urteilens geschieht, sondern daß das Urteil nur deshalb eine Synthesis herstellen

---

[198] Neuhaus, Gerd, Transzendentale Erfahrung als Geschichtsverlust? Der Vorwurf der Subjektlosigkeit an Rahners Begriff geschichtlicher Existenz und eine weiterführende Perspektive transzendentaler Theologie (Themen und Thesen der Theologie), Düsseldorf 1982, 70.

[199] Vgl. dazu Bokwa, Christologie als Anfang und Ende der Anthropologie, 108f.

kann, weil diese Synthesis ‚an sich' vor aller Urteilsbildung immer schon besteht."²⁰⁰

Rahner hält zwar am erkennenden Subjekt im Sinne Kants fest, kritisiert zugleich aber den durch die gegenstandskonstituierende Epistemologie implizierten seinkonstituierenden Aspekt einer solchen Subjektauffassung. Mit anderen Worten bedeutet das: Rahner kritisiert am Ansatz Kants die nicht vorgenommene Trennung zwischen dem Begriff des ontischen (= das in der Erkenntnis vorhandene Seiende) und dem des ontologischen (= das Sein an sich) bei einer möglichen Erkenntnis von Gegenständen. Er hält einerseits die Subjektbezogenheit Kants und damit des deutschen Idealismus für unabläßlich, bei der „der Mensch letztlich nicht ein Moment in einem Kosmos der Sachen ist, untertan dem von daher konstruierten Koordinatensystem onti-

---

[200] Neuhaus, Transzendentale Erfahrung als Geschichtsverlust?, 70f.; Bei Rahner heißt es dazu: „Notwendig aber [...] gehört die Seinsfrage zum menschlichen Dasein, weil sie in jedem Satz mitenthalten ist, den der Mensch denkt oder spricht, ohne welches Denken oder Sprechen er überhaupt nicht menschlich zu sein vermag. Denn jede Aussage ist eine Aussage über ein bestimmtes Seiendes und vollzieht sich so auf dem Hintergrund eines vorgängigen, obzwar unausdrücklichen Wissens um Sein überhaupt. Denn jeder wahre Satz, jedes Urteil und jedes überlegte Handeln ist nicht nur die Synthesis von zwei Begriffen, mit dem Anspruch der Rechtmäßigkeit dieser Synthesis, sondern die Hinbeziehung einer solchen mentalen Synthesis auf ein ‚An-sich', von dem sie gilt und deren ‚objektive' Synthesis sie nachvollzieht. Diese Eröffnetheit in den Raume eines ‚An-sich', in den die Synthesis von Subjekt - Prädikat des Satzes beziehend hineingestellt wird, ist nichts anderes als das vorgängige Wissen um das Sein überhaupt, als welches Wissen (Seinsverständnis) der Mensch existiert, so daß der Mensch nicht etwa überhaupt erst ‚zum Sein gebracht' werden muß, sondern sein je schon gegebenes Seinsverständnis in ihm ‚zu sich selbst gebracht' werden muß." (Rahner, Hörer, 52.) Rahner verwendet folglich „ist" nicht als Koppula, sondern ebenso wie Anselm von Canterburry in seinem Gottesbeweis im Proslogion als Prädikat. Gruber (Transzendentalphilosophie, 303) schreibt in seiner Schlußbemerkung bezüglich der Kritik Simons an Rahner zu dem eben angeführten Punkt: „Der wesentliche Unterschied zu Simons besteht darin, daß in allem transzendentalen Fragen das, was man theologisch Gnade nennt [und folglich auch die „transzendentale Christologie; Anm. M.F.], konstitutiv ist. Rahner ist in der Anwendung transzendentaler Methodik auf theologische Sachfragen immer schon Glaubender, er ‚abstrahiert' nur insofern vom Glauben, als der, der glauben will, eben diesen Glauben noch nicht ‚assimiliert' hat. Rahner versucht mit dem Medium transzendentaler Fragestellung eine Mystagogie, eine existentiell wirksame Einführung des Menschen in die Heilswahrheiten christlichen Glaubens."

scher Begriffe, sondern das Subjekt, von dessen subjekthafter Freiheit das Schicksal des ganzen Kosmos abhängig ist"[201], andererseits moniert er den Gedanken der Absolutheit des autonomen Subjekts, das sich seiner wahren, ontologischen Seinsbezogenheit auf ein Anderes-als-es-selbst-ist entzieht und diesbezüglich „zutiefst unchristlich"[202] ist. Es muß folglich in Erwägung gezogen werden, ob die Kritik Simons überhaupt greifen kann, denn es handelt sich dabei um eine Kritik bezüglich rein philosophischer Begriffsverwendung. Rahner selbst aber betont den „genuin theologischen Ansatz" [203] seiner Methode: „Die Transzendentaltheologie mag geschichtlich ihren Ausgangspunkt von einer solchen Philosophie [=Transzendentalphilosophie] nehmen, was ja gewiß keine Schande ist. Aber der eigentliche Ansatz einer Transzendentaltheologie ist genuin theologisch." Es geht ihm nicht um die exakte philosophiegeschichtliche Verwendung des Begriffs „transzendental" in seiner Theologie, was er in einem Interview mit Simons selbst deutlich zu verstehen gibt: „Wenn ‚transzendental' die Reflexion auf die Bedingungen konkreter Existenz genannt wird, dann würde ich das, was ich in der Theologie betreibe, transzendental nennen. Wenn jemand sagt, das ist eine Ausweitung des Begriffs oder eine Veränderung, die mit dem historischen Ursprung dieses Begriffs wenig zu tun hat, dann würde ich allerdings meinen: Gut, nennt das Kind eben anders."[204] Folglich kann von Rahner ein Übertrag von Gegenstandserkenntnis, mit der er seine Methode verdeutlichen wollte, auf die wesentliche schwieriger zu erläuternde Erfahrung des Absoluten in bestimmten menschlichen Situationen und die, damit verbundene, Erkenntnis des absoluten Seins vorgenommen werden, ohne daß

---

[201] Rahner, Schriften zur Theologie, Bd. VIII, Einsiedeln (u.a.) 1967, 56.
[202] Vgl. ebd.
[203] Rahner, Karl, Schriften zur Theologie, Bd. X, Zürich (u.a.) 1972, 55. Zur irreführenden Verwendung des Begriffs der Transzendentaltheologie bei Rahner, siehe Neuhaus, Transzendentale Erfahrung als Geschichtsverlust? 42ff.
[204] Karl Rahner antwortet Eberhard Simons. Zur Lage der Theologie (= Das theologische Interview), Düsseldorf 1969, 36, zit. in: Neuhaus, Transzendentale Erfahrung als Geschichtsverlust?, 44. Rahner will anders als Kant von den transzendentalen, dem Menschen *a priori* gegebenen, Bedingungen der Möglichkeit Seiendes zu erkennen, auf den transzendenten, jenseits aller Erkenntnis liegenden absoluten Ursprung schließen, der die transzendentalen Bedingungen der Möglichkeit überhaupt erst konstituiert.

damit eine Verfremdung der Absicht Kants einhergeht.²⁰⁵ Obwohl es zu keiner solchen Verfremdung kommt, ist der philosophische Ausgangspunkt Rahners dennoch zu betonen, da er in der stärker philosophisch bestimmten Phase seines Lebens die Grundzüge seiner Erkenntnismetaphysik (und letztendlich seines Offenbarungsverständnisses) ausgearbeitet hat.²⁰⁶ „Diese bleiben strukturbildend", so Hilberath „auch wenn er zunehmend die Momente der Freiheit, der Personalität bzw. Interpersonalität [...] zu integrieren sucht."²⁰⁷

a) Geisterfahrung in der Selbsterfahrung

Die erste vorgegebene Wirklichkeit des Menschen ist die sachhafte Umwelt in ihrer Gegenständlichkeit. Aber der Mensch erfährt sich darüber hinaus auch als offen für bestimmte Erfahrungen. Diesen Erfahrungen ist schon immer „ein anonymes und unthematisches Wissen von Gott" inhärent, weil der Mensch sich seiner Fähigkeit bewußt wird, nach einem „Mehr" als der rein sinnlichen Erfahrung, d.h. „der Art des Erfassens eines sich von außen direkt oder indirekt zufällig

---

[205] Es herrscht zudem in den „Schriften der Theologie" der Begriff der „Natur" vor, der den thomistischen Begriff der „Materie" ersetzt. Neuhaus schreibt: „Freilich wird hier nicht einfach ein Begriff durch den anderen ersetzt, sondern mit dieser Veränderung des Sprachgebrauchs geht auch eine inhaltliche Neubestimmung Hand in Hand. Während nämlich der Begriff der ‚materia' das sinnliche Entgegenstehen der im Urteil zu bestimmenden Wahrnehmungsgegenstände meint, hebt der Begriff der Natur an diesen Wahrnehmungsgegenständen hervor, daß sie dem Menschen ganz bestimmte Möglichkeiten des Handelns bereitstellen, nachdem er urteilend ihnen gegenüber eine Situation der Freiheit gewonnen hat. Während also der Begriff ‚materia' von der Gegenständlichkeit der Welt als eines *Erkenntnis*objekts spricht, wird im Begriff der Natur diese Gegenständlichkeit zu einem *Handlungs*objekt." (Neuhaus, Transzendentale Erfahrung als Geschichtsverlust?, 85) Dadurch findet eine Erweiterung des sinnlichen Gegenstandsbezugs auf nicht-sinnliche Erfahrungen statt.

[206] Vgl. Hilberath, Rahner, 83. Das personale Verständnis, das bereits wenn auch noch unthematisch bereits in den Vorgriff auf das Absolute mit hineinspielt, kann von Rahner durch seine *a priori* jedem Menschen gegebene „transzendentale Christologie" bzw. „Idee Christi" durchaus behauptet werden.

[207] Ebd.

meldenden Gegenstandes"[208], fragen zu können. Solche Erfahrungen nennt Rahner Geisterfahrungen, weil in ihnen der Mensch sein Selbst als geistiges und nicht nur als sinnliches begreifen kann. Ein längeres Zitat von Rahner selbst, der in unnachahmlicher Weise beschreibt, was mit diesen Geisterfahrungen gemeint ist, soll zum klareren Verständnis beitragen:

„Wie schon warnend im voraus gesagt wurde, ist das eben Gesagte sehr abstrakt, und man darf nie vergessen, daß eine solche Aussage die gemeinte Erfahrung nicht bewirkt, sondern nachträglich über die bestehende redet. Man macht sie selbst somit nicht in der Abstraktheit der nachträglichen Rede über sie. Sie ereignet sich als sehr konkrete, wenn auch als das Unsagbare der konkreten Alltagserfahrung. Gibt es sie anonym, unausdrücklich auch in *jedem* geistigen Vollzug, so wird sie doch deutlicher und in etwa thematisch in jenen Ereignissen, in denen der Mensch, der gewöhnlich verloren an die einzelnen Dinge und Aufgaben des Alltags lebt, gewissermaßen auf sich selbst zurückgeworfen wird und sich nicht mehr über dem übersehen kann, mit dem er gewöhnlich umgeht. [...] So, wenn man plötzlich unerbitterlich sich seiner Freiheit und *Verantwortung* überantwortet erfährt, ihr als einer und ganzer, die das Leben umgreift, keine Ausflucht mehr zuläßt, keine Entschuldigung, dort, wo kein Beifall mehr unterstützt, keine Anerkennung und kein Dank mehr erhofft werden kann, wo man eben vor der schweigenden, unendlichen, von uns nicht manipulierten Verantwortung steht, die ist und uns nicht untertan ist, das Innerste und das Unterschiedenste von uns zugleich. [...] So, wenn man plötzlich die Erfahrung personaler *Liebe* und Begegnung macht, plötzlich selig erschreckt

---

[208] Vgl. Raffelt, Albert / Rahner, Karl, Anthropologie und Theologie, in: Böckle (Hg.), CGG, Bd.24, 24. Bei Rahner nimmt der Mensch seine sachhafte Umwelt schon immer durch die noch nicht thematisierte, d.h. bis ins

merkt, wie man in Liebe absolut, bedingungslos angenommen wird, obwohl man für sich allein in seiner Endlichkeit und Brüchigkeit dieser Bedingungslosigkeit der Liebe von der anderen Seite gar keinen Grund und keinen zureichende Begründung geben kann, wie man selbst ebenso liebt, in unbegreiflicher Kühnheit die gewußte Fragwürdigket des anderen überspringend, wie diese Liebe in ihrer Absolutheit einem Grund anvertraut, der ihr selbst nicht mehr untertan ist, ihr in seiner Unbegreiflichkeit zuinnerst und von ihr unterschieden zugleich ist. So, wenn der *Tod* schweigend einen anblickt, der alles in seine Nichtigkeit fallen läßt und so gerade, wenn er nur willig angenommen wird – so und nur so – nicht tötet, sondern selbst verwandelt, befreit in die Freiheit, die sich auf nichts mehr beruft und stützt, so aber unbedingt wird."[209]

Der Mensch ist in all den genannten Erfahrungen auf etwas angewiesen, das er nicht vollkommen aus seinen bisher gemachten Erfahrungen ableiten kann. Er erkennt sein geschenktes Dasein und, daß es sein *je eigenes* Selbst ist, das bestimmte Erfahrungen macht. Trotzdem greift er dabei auch immer über sein Selbst hinaus und kann es folglich nicht vollkommen bestimmen. Dem Menschen wird bewußt, daß er sein Selbst nicht von sich aus konstruieren kann. Vielmehr weiß er sich in seinem Selbst auf etwas bezogen, das darüber hinausgeht. In seinem Vorgriff auf das absolute Sein Gottes ist der Mensch als Geist zu bezeichnen.[210] Der Geist ist das dem Menschen inhärente epistemologische und, gleichzeitig auch, ontologische Prinzip,[211] da durch ihn sowohl Gegenstanderkenntnis möglich wird, als auch die Bedingung der Möglichkeit für Gotteserfahrung gegeben ist, aus der die wahre

---

Selbstbewußtsein vorgedrungene „Kategorie" der „transzendentalen Christologie" wahr.
[209] Rahner, Schriften, Bd. IX, 168ff.
[210] Vgl. Rahner, Hörer, 78.85.
[211] Vgl. Eicher, P., Die anthropologische Wende. Karl Rahners philosophischer Weg vom Wesen des Menschen zur personalen Existenz, Freiburg (Schweiz) 1970, 312, zit. in: Bokwa, Christologie, 71.

Selbsterkenntnis (im Sinne von „Selbst"-Verständnis) des Menschen resultiert.

Der menschliche Geist kann aus dem einzelnen Gegenstand die Washeit abstrahieren. Dadurch wird vom einzelnen Gegenstand her die Dynamik des Geistes als „intellectus agens" initiiert.[212] Das Absolute kann vom Menschen jedoch nur durch seine Um- und Mitwelt erfahren werden. Er ist als leibliches Wesen über diese Leiblichkeit mit der Welt als Um- und Mitwelt untrennbar verbunden, da er sich in ihr entfaltet und ausdrückt. Dadurch ist der Mensch Geist in Welt. Der Geist in seiner Dynamik bleibt aber nicht bei der Herauslösung der Washeit stehen, sondern gelangt zur Unbegrenztheit des Seins, zum Absoluten, da er erkennt, daß die gesamte Washeit nicht einem einzelnen Gegenstand inhärent sein kann. Das absolute Sein stellt das Woraufhin des Geistes dar, der somit nach dem unbegrenzten Sein strebt.

Rahner vollzieht damit einen Übergang von der Denk- in die Seinsordnung, d.h. er schließt von epistemologischen Aspekten auf die Ontologie, wobei dieser Schritt in der „aposteriorischen Erfassung eines real Seienden als deren notwendige Bedingung"[213] verankert ist. Der Geist in seiner Fähigkeit über das menschliche Selbst hinauszugreifen ist zwar eine dem Menschen *a priori* gegebene Bedingung der Möglichkeit für Erkenntnis, kann aber nur an aposteriorisch gemachter Erfahrung an Seiendem bewußt erkannt werden. Mit anderen Worten ausgedrückt, heißt das, daß der Mensch in seiner Abhänigigkeit zur Welt (= seiner Weltimmanenz) Anteil am absoluten Sein, als Wirklichkeit, hat. Diesen Anteil gewährleistet ihm seine Fähigkeit des Vorgreifens (= seine Geisttranszendenz), als die gegebene menschliche Grundverfassung.[214]

Durch die Geisterfahrung ist dem Menschen die Vervollkommnung seines Selbst durch ein anderes als sein Selbst bewußt, wenngleich von diesem anderen noch nicht thematisch als personale Gottheit gesprochen werden kann. Es muß für den Menschen erst zu einer konkreten Gotteserfahrung kommen, ohne die er sein Selbst niemals

---

[212]   Vgl. Bokwa, Christologie als Anfang und Ende der Anthropologie, 64.
[213]   Rahner, Hörer, 84.
[214]   Vgl. Rahner, Hörer, 71.

ganz begreifen kann,[215] d.h. ohne die er nicht zu seinem wahren Selbstverständnis finden kann. Diese konkrete Gotteserfahrung kann nur über das Bewußtwerden der göttlichen Gnade gemacht werden. Der Mensch muß Gnade als wirkliche übernatürliche Gnade als die innerste Mitte seiner Existenz (und folglich seines Selbst) erfahren und gelangt damit auch zur Gotteserfahrung, weil Gott selbst mit dieser Gnade identisch ist.[216]

b) Gnadenerfahrung als Gotteserfahrung in der Selbsterfahrung: Das „übernatürliche Existential" des Menschen

Die göttliche Gnade ist durch das sogenannte „übernatürliche Existential" prinzipiell jedem Menschen ungeschuldet gegeben. Gott hat den Menschen als möglichen Adressaten seiner Selbstmitteilung geschaffen. Der Mensch ist immer schon der von Gott begnadete und steht unter dessen Liebe und Heilswillen. Die befreiende ungeschuldete Gnade Gottes ist das das menschliche Selbst konstituierende göttliche Gegenüber. Sie ist jedem Menschen als innerster Wesenskern inhärent. Der Mensch steht in seinem Menschsein unter der göttlichen Gnade, die ebenso wie die göttliche Liebe, mit der sie untrennbar verbunden ist, ein freies Geschenk Gottes ist. In seinem raumzeitlich bedingtem Menschsein greift der Mensch durch das von Gott frei geschenkte „übernatürliche Existential" zugleich über sein raumzeitlich bedingtes Menschsein hinaus. Er unterliegt dadurch keiner anthropologischen Definition und birgt in sich selbst, in seinem Wesen das göttliche Geheimnis des nicht Greifbaren.[217]

Rahner legt im „übernatürlichen Existential" die Grundlage, die göttliche Wahrheit und Wirklichkeit (und damit den Zusammenhang von Sein-Sollen-Selbst) aus dem je einzelnen Menschsein heraus erkennen zu können.[218] Es besteht durch dieses Existential ein Übergang

---

[215] Vgl. Rahner, Schriften zur Theologie, Bd. X, Zürich (u.a.) 1972, 137.
[216] Vgl. Weger, Rahner, 80.
[217] Vgl. Rahner, Grundkurs, 215.
[218] Dazu schreibt Hilberath, Rahner, ebd., 90 jedoch, daß es für Rahner wichtig ist, daß die Ungeschuldetheit der Gnade über die Ungeschuldetheit der Schöpfung hinausgeht und von anderer Art ist. Diese Unterscheidung spielt

vom Menschsein zum wahren Menschsein, da jedem Menschen durch die göttliche Gnade und Liebe immer auch göttliche Wahrheit und Wirklichkeit inhärent ist.[219] Der Mensch besitzt in seiner raumzeitlichen Existenz die Bedingung der Möglichkeit zum wahren Menschsein, da sie ihm schon immer durch die freie Entscheidung Gottes gegeben ist. Wie und in welchen Situationen kann der Mensch Gott als den personalen Gott der Liebe und der Gnade erfahren? In welchen Situationen macht sich ein solches „Urvertrauen" zu Gott bemerkbar? Rahner schreibt:

„Wo die eine und ganze Hoffnung über alle Einzelhoffnungen hinaus gegeben ist, die alle Aufschwünge, aber auch alle Abstürze noch einmal sanft in schweigender Verheißung umfängt,
- wo eine Verantwortung in Freiheit auch dann noch angenommen und durchgetragen wird, wo sie keinen angehbaren Ausweis an Erfolg und Nutzen mehr hat,
- wo der Mensch seine letzte Freiheit erfährt und annimmt, die ihm keine irdischen Zwänge nehmen können,
- wo der Sturz in die Finsternis des Todes noch einmal gelassen angenommen wird als Aufgabe unbegreiflicher Verheißung,
- wo die Summe aller Lebensrechnungen, die man sich selber noch einmal berechnen kann, von einem unbegreiflichen anderen her als gut verstanden wird, obwohl man es nicht ‚beweisen' kann,
- wo die bruchstückhafte Erfahrung von Liebe, Schönheit, Freude als Verheißung von Liebe, Schönheit, Freude schlechthin erlebt und angenommen wird, ohne in einem letzten zynischen Skeptizismus als billiger

---

für die These dieser Arbeit jedoch keine entscheidende Rolle, da bei beidem auch weiterhin von einer Ungeschuldetheit ausgegangen werden kann.

[219] Vgl. Karl Rahner, Schriften zur Theologie, Bd. I, Einsiedeln (u.a.) 1954, 8. Aufl. 1967, 338.

Trost vor der letzten Trostlosigkeit verstanden zu werden,

[...]
- wo man in eine schweigende Finsternis hinein zu beten wagt und sich auf jeden Fall erhört weiß, obwohl von dort her keine Antwort zu kommen scheint, über die man noch einmal räsonieren und disputieren kann,

[...]
- wo der Mensch alle seine Erkenntnisse und alle seine Fragen dem schweigenden und alles bergenden Geheimnis anvertraut, das mehr geliebt wird als alle unsere uns zu kleinen Herren machenden Einzelerkenntnisse,

[...]
- da ist Gott und seine befreiende Gnade."[220]

In allen diesen Situationen muß der Mensch über seine empirische Erfahrung, die er in seiner raumzeitlichen Bedingtheit gemacht hat, hinausgreifen. Er kann dabei nicht in der je spezifischen Situation „steckenbleiben" will er sich in seinem wahren Menschsein begreifen. Es muß, genau wie bei der Gegenstandserkenntnis, eine Offenheit der Situation auf das Absolute hin bestehen, nur daß sich der Mensch jetzt zusätzlich durch die absolute göttliche Gnade und Liebe immer schon angenommen weiß. Diese göttliche Gnade und Liebe kommt nicht erst zum Menschsein hinzu, sozusagen als zweites Stockwerk, so daß sie dem Menschen in seiner raumzeitlichen Existenz nicht wirklich und wahrhaftig innewohnen kann, sondern macht sein Menschsein als dessen innerster Kern immer schon aus.

Gnade ist damit das formgebende Prinzip des Menschseins und als „übernatürliches Existential" dem Menschen in seiner raumzeitlichen Existenz immer schon inhärent. Sie stellt die Formalursächlichkeit des Menschen in seinem Menschsein dar

---

[220] Rahner, Karl, Erfahrungen des Geistes, Freiburg 1977, 37-45, zit. in: Weger, Rahner, 85f.

und gehört zur Definition des Menschen.[221] Folglich könnte ohne die dem Menschsein inhärente Gnade Gottes überhaupt nicht von Menschsein gesprochen werden.

Rahner gibt dem Menschen mit dem in jeder raumzeitlich bedingten menschlichen Existenz inhärenten „übernatürlichen Existential" sein Selbst und Sollen vor. Sein Selbst erkennt er durch sein Angewiesensein in seinen Erfahrungen auf das absolut Göttliche. Sein Sollen besteht in seiner „Kongenialität" für die göttliche Liebe, die sich in der Liebe zu seiner Um- und Mitwelt ausdrückt, aber auch in der Liebe seiner Um- und Mitwelt ihm gegenüber. Der Mensch erfährt sein Angenommensein in der Gotteserfahrung auch als das Angenommensein anderer. Er ist offen für das andere Selbst und erfährt sein eigenes auch in Abhängigkeit zu jenem. Rahner spricht von dieser „Geöffnetheit auf das menschliche Du" als einer „apriorischen Grundverfassung des Menschen"[222], die in der konkreten interpersonalen Begegnung ihren Ausdruck findet.

Die „Kongenialität" für die göttliche Liebe stellt für den Menschen einen Grundakt dar, „in den hinein er sein ganzes Wesen und Leben restlos hineinversammeln kann, der alles umfassen, alles in sich begreifen kann, alles was Mensch und Menschenleben, Seligkeit und Verzweiflung, Alltag und Sternstunden, Vergangenheit und Zukunft heißt."[223] Der Mensch kann in der absoluten, gnadenhaften göttlichen Liebe sich selbst als von Gott angenommen erfahren. Diese Liebe Gottes läßt ihn sein Selbst im göttlichen Gegenüber gegründet erfahren. Der Mensch bejaht durch seine „Kongenialität" für die göttliche Liebe in sei-

---

[221] Dennoch bewahrt Rahner den Geheimnis- und Transzendenzcharakter der göttlichen Gnade als von Gott frei verfügbarer, indem er von deren Formursächlichkeit als quasi-formal spricht, d.h. nicht in deterministischer Weise, so als ob Gott gezwungen sei dem Menschen Gnade „einzuhauchen" (vgl. dazu Rahner, Schriften, Bd. I, 362ff.). Damit besteht aufgrund des Prinzips der Formgebung (wenn auch in der Bedeutung als quasi-formal) die „transzendentale Christologie", die „Idee Christi", die göttliche Gnade und das „übernatürliche Existential" bei Rahner in untrennbarem Zusammenhang (siehe dazu auch Anm. 174).

[222] Vgl. Karl Rahner, Schriften, Bd. VI., 288.
[223] Ebd., 225.

nem kontingenten Dasein Gott als setzenden Grund seines (also des menschlichen) Selbst. Er öffnet sich durch den Nachvollzug der göttlichen gnadenhaften Liebe liebend seiner Um- und Mitwelt gegenüber.[224] Rahner stellt damit die Einheit von Nächsten- und Gottesliebe her.

Es ergibt sich nun aber die Frage, wie die gnadenhafte Liebe Gottes als transzendentale Erfahrung des Menschen in die konkrete raumzeitliche Bedingtheit menschlicher Existenz als Nächstenliebe vermittelt werden kann. Wie muß diese der göttlichen Liebe entsprechende konkrete menschliche Liebe aussehen?

3. Christologie: Transzendentale Christologie bzw. „Suchende Christologie" als wahres Menschsein

Dem Menschen muß die göttliche Liebe in seiner menschlichen Existenz konkret vor Augen geführt werden und in der Nächstenliebe ihren Ausdruck finden.[225] Die *a priori* gegebene Gnade und Liebe Gottes muß ein Korrelat in der menschlichen Existenz besitzen, das in seiner Form konkreter sein muß als die oben erwähnte „Kongenialität". Dieses Korrelat hat eine Art „Brückenfunktion" zwischen der Transzendenz der göttlichen Liebe und der Konkretheit der menschlichen Liebe zur Um- und Mitwelt. Es muß eine Beziehung zwischen apriorischer, den Menschen in seinem innersten Kern ausmachender, göttlicher Liebe und aposteriorischer, konkret in raumzeitlicher Bedingtheit erfahrbarer Liebe hergestellt werden.

Die Konkretheit der göttlichen Liebe, die in die Liebe zur Um- und Mitwelt mündet, ist auch bei Rahner an Jesus Christus gebunden.[226] Nur in der Begegnung mit ihm findet der Mensch zum wahren

---

[224] Vgl. dazu Neuhaus, Transzendentale Erfahrung als Geschichtsverlust?, 99. Dementsprechend öffnet sich der Mensch auch durch den Nachvollzug der ihm inhärenten „tranzendentalen Christologie" seiner Um- und Mitwelt gegenüber.

[225] Vgl. Rahner, Schriften, Bd. VI, 279; ebenso Rahner, Grundkurs, 289.

[226] Dabei liegt bei Rahner aber eine starke Betonung auf dem transzendentalen Christus auf der der Mensch durch seine ihm inhärente „Idee Christi" reflektieren kann. Es muß sich folglich genauer um die Konkretheit des trans-

Verständnis des Zusammenhangs von Sein-Sollen-Selbst, das keiner menschlichen „Deprivation" unterliegt. In der Begegnung mit Christus wird aus dem „anonymen und unthematischen Wissen von Gott" ein konkretes. Transzendenz und Weltimmanenz als raumzeitliches Gebundensein des Menschen finden in dieser Begegnung zusammen. Der Mensch als in seinem innersten Kern transzendentes Wesen braucht in seiner raumzeitlich bedingten Existenz eine Art „Anhaltspunkt", an dem ihm seine Transzendenz, als sein wahres Selbst und sein Sollen begründend, bewußt wird. Die göttliche Liebe und Gnade, die ihn in seinem wahren Menschsein bestimmt, „muß [...] eine konkrete Greifbarkeit in der Geschichte haben" und „darf nicht plötzlich akosmisch und rein metahistorisch sein."[227]

Das „übernatürliche Existential", das dem Menschen sein Angenommensein durch die gnadenhafte Liebe Gottes, erfahrbar macht, läßt ihn noch nicht direkt auf den personalen christlichen Gott schließen. Es führt ihm den Zusammenhang von Sein-Sollen-Selbst nicht konkret, als raumzeitlich bedingtes Ereignis, vor Augen. Rahner bezeichnet eine solche Kundmachung Gottes als „natürliche Offenbarung", die aber „Gott insofern unbekannt bleiben läßt, [...]als er nur durch die negierende Übersteigerung des Endlichen und nur durch mittelbaren Verweis, nicht aber durch direkte Unmittelbarkeit auf ihn zum in sich Gewußten wird"[228]. Dazu bedarf es der eigentlichen Selbstoffenbarung Gottes, die mit der dritten „Stufe" der Entwicklung des menschlichen Wesens als Wesen der Transzendenz in Verbindung steht. Der Mensch muß seine konkrete, individuelle geschichtliche Existenz als notwendig von dem Transzendenten, d.h. von Gott, bestimmt erkennen, so daß er sein wahres Menschsein seiner raumzeitlichen Existenz bereits inhärent weiß. Er muß die Voraussetzung zur

---

      zendentalen Christus handeln, der durch die Heilige Schrift als Mensch Jesus erkannt werden kann.

[227] Vgl. Rahner, Grundkurs, 201. Mit der Annahme einer „transzendentalen Christologie" und einer „Idee Christi" kann jedoch eine „konkrete Greifbarkeit in der Geschichte" auch über die konkret ausgeübte (und somit raumzeitlich fixierbare) Nächstenliebe (in Form von philanthropen bzw. altruistischem Handeln), die die „transzendentale Christologie" sozusagen „aktiviert", erreicht werden.

[228] Ebd., 173.

Begründung dieser Notwendigkeit in der Geschichte erfassen können, um sich seines existentiellen wahren Menschseins bewußt zu werden.

Der transzendentalphilosophische Ansatz, wie er von Rahner gebraucht wird, muß stets auf dem Hintergrund seiner theologischen Grundlage gesehen werden. Theologie ist jedoch untrennbar verbunden mit Christologie, insbesondere mit der Christusoffenbarung als *der* Selbstmitteilung Gottes. Durch das Stattfinden dieser Offenbarung in der Geschichte kann der Mensch die Voraussetzung für sein wahres Menschsein erkennen und auch begreifen, daß wahres Menschsein seiner konkreten menschlichen Existenz innewohnt und ihn notwendig als in der Geschichte stehenden Menschen betrifft.

Die „transzendentale Christologie" verweist den Menschen in seiner transzendenten Konstitution durch das göttliche Absolute direkt in die Geschichte. Nur als in der Geschichte Stehender und Handelnder kann der Mensch sein Menschsein als wahres Menschsein verwirklichen. Die von Gott unverdient empfangene gnadenhafte Liebe als transzendentaler Wesenskern *muß* vom Menschen gelebt werden, da der Mensch sein Wesen unter raumzeitlicher Bedingtheit *immer* nach außen ausdrückt. Dementsprechend unterscheidet Rahner zwischen einem transzendentalen[229] und einem kategorialen, geschichtlichen[230] Aspekt der göttlichen Offenbarung in Jesus Christus, als *der* Selbstmitteilung Gottes. Der transzendentale Aspekt beinhaltet die gnadenhafte Liebe Gottes (und somit auch die dem Menschen inhärente „transzendentale Christologie") und muß sein Korrelat in der Geschichte besitzen. Rahner schreibt:

> „Eine solche transzendentale Christologie, die die ‚Idee'
> eines absoluten Heilbringers, einer geschichtlichen Erscheinung der Irreversibilität und des Sieges der Selbst-

---

[229] Hilberath definiert den Begriff „transzendental" wie folgt: *„Transzendental* bedeutet das mit dem Wesen (*a piori*, ursprünglich, notwendig, von innen her, immer schon, von vornherein und nicht nachträglich und rein faktisch) Gegebene; es zeigt sich implizit, ungegenständlich, unreflex, unthematisch; es ist nicht gewußt, aber wohl bewußt." (Hilberath, Rahner, 116)

[230] Hilberath (Rahner, 116) definiert den Begriff „kategorial" wie folgt: „*Kategorial* besagt das (von außen, a posteriori, in Raum-Zeitlichkeit) Entgegenkommende; es ist explizit, gegenständlich, reflex, thematisch und gewußt."

mitteilung Gottes über das ungläubige Nein der Welt entwickelt, kann natürlich die geschichtliche Erfahrung Jesu von Nazareth, also der Wirklichkeit nicht ersetzen, in der diese ‚Idee' real geworden ist und so gerade erst die Idee als solche real geschichtlich werden ließ."[231] Obwohl dem Menschen in seiner Geschichtlichkeit ein transzendenter Wesenskern inhärent ist, hat seine Transzendentalität *immer* auch eine Geschichte.[232] Er kann seine Transzendenz nur innerhalb seiner raumzeitlichen Existenz erfahren, „ohne deshalb damit einfach identisch zu werden."[233] Selbstbewußtsein (im wahrsten Sinn des Wortes als Bewußtsein des eigenen Selbst, das im göttlichen Gegenüber seine Konstitution findet) kann der Mensch nur durch „sachhaft-gegenständliche Gewußtheit"[234] erlangen, ansonsten bleibt es ein unthematisches und unreflektiertes Wissen um Gott und damit um das eigene Selbst. Gottes Offenbarung muß auch in der konkreten Geschichte, als der allgemeinen Geschichte, ihren Platz finden.[235]

---

[231] Rahner, Schriften, Bd. IX, 107. Die „Idee eines absoluten Heilbringers", der identisch mit Gott Sohn, d.h. dem Logos ist, muß eine geschichtliche Realisierung in Form des Menschen Jesus von Nazareth besitzen, da ansonsten „die menschliche Natur des Logos *nur* aufgefaßt wird als in sich selber, in seinem abgeschlossenen Wesen Ruhende, als das nach einem Plan, einer ‚Idee' Geschaffene, die an sich nichts mit dem Logos zu tun hat". „[D]ann subsistiert diese Natur zwar im Logos, es können von ihm zwar diese natürliche Wirklichkeit und ihre Akte als das Sein prädiziert werden, es kann in einer formalen (aber auch nur sehr formalen) Sinn gesagt werden, daß der Logos durch diese menschliche Wirklichkeit in der Welt und ihrer Geschichte ‚anwesend' und ‚handelnd' ist. Aber diese ganze Wirklichkeit ‚verrät' eigentlich vom Logos selber nichts. Er zeigt darin nur das Allgemeine. [...] Aber das Menschliche als solches würde nicht den Logos als solches zeigen." (Rahner, Der dreifaltige Gott, 332f.) Dabei ist jedoch zu beachten, daß ein Unterschied zwischen der „Idee Christi" und Jesus Christus als dem Logos selbst gemacht werden muß. Während im Logos Jesus Christus die Inkarnation, d.h. der bestimmte raumzeitlich bedingte Mensch Jesus und somit das bestimmte Menschsein von absoluter Wichtigkeit und Notwendigkeit ist, darf die „Idee Christi" lediglich als eine Art Formursache des Menschen überhaupt gesehen werden, die nicht an einen bestimmtes Individuum gebunden ist (dazu Anm. 174).
[232] Vgl. Rahner, Grundkurs, 175.
[233] Vgl. ebd.
[234] Vgl. ebd.
[235] Ebd., 177.

Der Mensch kann seinen transzendentalen Wesenskern, nämlich das „übernatürliche Existential", das auf das göttliche Gegenüber ausgerichtet ist, nur bewußt als sein Sollen und Selbst begründend erfahren, wenn grundsätzlich die Möglichkeit besteht, daß es mit der raumzeitlichen Bedingtheit des Menschen in Verbindung stehen kann. Eine solche mögliche Verbindung stellt die „transzendentale Christologie" dar, weil sie in ihrem transzendentalen und in ihrem kategorialen Aspekt eine „Brücke" zwischen göttlicher Transzendenz und raumzeitlich bedingter menschlicher Existenz schlägt. Dem Menschen ist die „Idee Christi", als auf das göttliche Gegenüber weisend, *a priori* mitgegeben. Da er jedoch als Mensch in der Geschichte steht, muß er sein Menschsein darin auch leben. Er muß sein Selbst, das er zunächst noch als unthematisch und unreflektiert durch Gott konstituiert erfährt, in Handlungen seiner Um- und Mitwelt gegenüber ausdrücken. Durch seine „Kongenialität" für die gnadenhafte Liebe Gottes, ist sich der Mensch bewußt, daß er sich liebend gegenüber seinen Mitmenschen verhalten soll, wenngleich er dieses Bewußtsein noch nicht konkret fassen kann. Er sucht nach einem geschichtlichen Korrelat, das der göttlichen Liebe entspricht und findet es in Jesus Christus.[236] Jesus Christus lebt sein Selbst und sein Sollen als ganz von Gott bestimmt und führt dem Menschen diese göttliche Bestimmung des Selbst und Sollens als Nächstenliebe vor Augen. Der Mensch ist dementsprechend schon immer ein „suchender Christ", was Rahner mit dem Konzept der „suchenden Christologie" ausdrückt.

Mit dem Konzept der transzendentalen Christologie werden Transzendenz und Weltimmanenz der menschlichen Existenz miteinander verbunden. Der Mensch kann sich seines transzendentalen Wesenskerns, der ihm in Form der gnadenhaften Liebe Gottes gegeben ist, durch die Begegnung mit Jesus Christus bewußt werden. Er kann die universale Gnade Gottes erst durch die Menschwerdung Gottes in Jesu Christi als seine ganze Existenz bestimmend begreifen. Gott hat sich ihm allein in Jesus Christus „definitiv, endgültig, unumkehrbar, irreversibel dem Menschen zu seinem Heil geoffenbart".[237] Der Mensch kann nur durch Jesus Christus erfahren, wer Gott für ihn ist,

---

[236] Siehe dazu Anm. 226.
[237] Hilberath, Karl Rahner, ebd., 39.

und zugleich, wer wir für Gott sind. Er ist sich nun nicht mehr allein eines „Mehr" bewußt, sondern Gottes und dadurch seines eigenen Selbst.

Es wird auch bei Rahner deutlich, daß, genau wie bei Barth, Anthropologie, im Sinne von wahrem Menschsein, untrennbar mit Christologie verbunden ist.[238] „Diese beiden Größen, Christologie *und* Anthropologie," so Bokwa, „werden deswegen in gegenseitigem Verhältnis begriffen und so präsentiert: der nach seiner Vollendung strebende Mensch entdeckt in sich die ihm apriorisch vorgegebenen Wesensstrukturen, die ihn zu dem Geheimnis Jesu Christi führen."[239] In Jesus Christus teilt sich Gott dem Menschen vollkommen mit. Jesus Christus ist *die* göttliche Offenbarung an den Menschen. Demzufolge muß Jesus Christus mit der Wahrheit und Wirklichkeit des trinitarischen Seins Gottes unmittelbar in Verbindung stehen. Es muß jedoch, wie gerade erwähnt, bei Rahner zwischen transzendentaler und kategorialer Offenbarung unterschieden werden,[240] wobei sich nun die Frage stellt, welche von beiden als mit dem innertrinitarischen Sein Gottes vollkommen übereinstimmend gesehen wird.

II. Theologie: „Ökonomische" und „ immanente" Trinität als transzendentale bzw. kategoriale Offenbarung Gottes

Auch bei der Trinitätslehre beginnt Rahner mit der Erfahrung des Menschen bzw. mit der raumzeitlichen Bedingtheit, in der dieser steht. Es muß zuerst der „offenbarungs- und dogmengeschichtliche Ansatzpunkt für die Trinitätslehre in der *heilsgeschichtlichen* Erfahrung des Sohnes und des Geistes als der Wirklichkeit der göttlichen Selbstmitteilung an uns"[241] ausgewertet werden. Dementsprechend steht bei ihm die dem Menschen in der Geschichte begegnende Trinität, die ihren Ausgangspunkt in Jesus Christus nimmt, vor der transzendenten,

---

[238] Vgl. Rahner, Geist in Welt, 407.
[239] Vgl. Bokwa, Christologie als Anfang und Ende der Anthropologie, 123.
[240] Vgl. das Vorwort von J.B. Metz in Rahner, Hörer, 11.
[241] Vgl. Rahner, Grundkurs, 141.

die in Gottes innertrinitarischem Sein vorliegt. Gott offenbart sich den Menschen in der Geschichte als Vater, Sohn und Heiliger Geist unter raumzeitlicher Bedingung (was eine gewisse Zeitfolge dieser Offenbarung impliziert) und zu dessen Heil. Der Mensch muß das Heilshandeln Gottes, das in der göttlichen gnadenhaften Liebe besteht, zuerst in seiner raumzeitlichen Bedingtheit erfahren (= heilsökonomische Erfahrung[242]), bevor er vom innertrinitarischen Sein Gottes als Wahrheit und Wirklichkeit sprechen kann.[243] Rahner nimmt in seiner Trinitätslehre deren raumzeitliches „Auftreten" in der Geschichte als Grundlage. Dem Barth`schen „zuvor in sich selbst" und darauffolgend „für uns" wird bei ihm das „zuvor für uns", das das „in sich selbst" impliziert und umgekehrt, gegenübergestellt. Nur wenn das göttliche innertrinitarische Sein für uns erfahrbar ist, kann es sich wirklich um dieses Sein an sich handeln, und, umgekehrt, nur weil es das trinitarische Sein Gottes an sich ist, kann es von uns als eben dieses erfahren werden.[244]

Die durch die gnadenhafte Liebe für den Menschen erfahrbare Trinität Gottes nennt Rahner die „ökonomische", diejenige, die das innertrinitarische Sein Gottes an sich bezeichnet, die „immanente". Beide bedingen sich gegenseitig. Folglich lautet Rahners Grundthese: *„Die ‚ökonomische' Trinität ist die ‚immanente' Trinität und umgekehrt."*[245] Gott offenbart sich in der Geschichte nicht durch irgendwelche „gottvertretenden numinösen Mächte"[246], „sondern es erscheint und ist in Wahrheit der eine Gott selbst gegeben, der in seiner Einmaligkeit, Unverwechselbarkeit und in einer letzten Unvertretbarkeit da ankommt, wo wir selber sind und wo wir ihn, eben diesen Gott selber,

---

[242] Der Begriff der „Ökonomie" bezeichnet in seiner heilsgeschichtlichen Verwendung „die von Gott geschaffene und gelenkte Weltordnung, die zeitlich differenzierte Verwirklichung des (einen) Heilsplans, der alles (...) umgreift, sowie die Ordnung, in der sich der dreieine Gott in der Geschichte offenbart" (vgl. Faber, Eva-Maria, Ökonomie (I) (I. Systematisch-teologisch) in: LThK, Bd. 7, Freiburg im Breisgau (u.a.) 3. Aufl. 1998, 1014-1016, hier 1014).

[243] Dabei ist jedoch das „Mehr" der göttlichen Wahrheit und Wirklichkeit zu beachten, d.h. der Geheimnischarakter Gottes muß bewahrt bleiben.

[244] Vgl. ebd.

[245] Rahner, Der dreifaltige Gott, in: Feiner / Löhrer (Hg.), MySal, 328.

[246] Rahner, Grundkurs, 141.

streng als ihn selbst empfangen."²⁴⁷ Dem Menschen ist es folglich aus seiner heilsgeschichtlichen Erfahrung heraus möglich, die in der gnadenhaften Liebe Gottes ihren Ausdruck findet, das christliche Gottesbild aufzubauen.²⁴⁸

Rahner will mit seiner Verbindung zwischen „ökonomischer" und „immanenter" Trinität diese selbst *„als* Heilsmysterium für uns"²⁴⁹ herausstellen. Das göttliche trinitarische Sein hat sowohl etwas mit Gott selbst zu tun als auch mit der raumzeitlichen Bedingtheit des Menschen. Der Mensch muß erfahren können, daß Gott in seinem innertrinitarischen Sein existiert. Es muß für ihn in seinem religiösen Daseinsvollzug sehr wohl eine Rolle spielen, daß Gott dreifaltig ist.²⁵⁰ Auch „ist das deutliche Glaubensbewußtsein der Inkarnation noch lange kein Beweis dafür, daß die Trinität etwas in der normalen Frömmigkeit des Christen bedeute"²⁵¹, da die Inkarnationslehre (in ihrer „durchschnittlichen schulmäßigen"²⁵² Anwendung) von der Menschwerdung Gottes spricht, dabei aber oftmals nicht die Menschwerdung von Gott Sohn explizit deutlich macht. Dadurch kommt es zu einer Trennung zwischen göttlicher Transzendenz, als Wahrheit und Wirklichkeit, und menschlicher Weltimmanenz, als bloßer Anschein. Gott könnte nach dieser Auffassung sowohl als Gott Vater, als auch als Gott Sohn und als Gott Geist eine hypostatische Union mit einer geschöpflichen Wirklichkeit eingehen, was zur Folge hätte, daß die Inkarnation als Menschwerdung Gottes nicht wirklich auf das konkrete innertrinitarische Sein Gottes hinwiese, „weil das, was hier ökonomisch *geschieht*, ebenso durch jede andere Person [als die des Sohnes; Anm. M.F.] hätte geschehen können".²⁵³

Es muß eine Identität von ökonomischer und immanenter Trinität gegeben sein.²⁵⁴ Diese Identität ist über den Logos, d.h. die Menschwerdung Gott des Sohnes in Jesus Christus, gegeben. In Chris-

---

247 Ebd.
248 Vgl. ebd., 141f.
249 Rahner, Der dreifaltige Gott, 328.
250 Vgl. ebd., 319.
251 Ebd., 321.
252 Ebd.
253 Ebd., 332.
254 Vgl. ebd., 332.

tus kann weder seine „Menschheit" als „abstrakt formale Subjekthaftigkeit"[255] gesehen werden, noch kann von bloßer Appropriation gesprochen werden, denn „Jesus ist nicht einfach Gott im allgemeinen, sondern der Sohn; die zweite göttliche Person, der Logos Gottes ist Mensch, er und nur er".[256] Dementsprechend „gibt es also zumindest *eine* ‚Sendung', *eine* Anwesendheit in der Welt, *eine* heilsökonomische Wirklichkeit, die nicht bloß einer bestimmten göttlichen Person appropriiert wird, sondern ihr eigentümlich ist. Hier wird nicht bloß ‚über' eine bestimmte göttliche Person in der Welt *geredet*".[257]

Damit weist Rahner der Trinitätslehre, genau wie Barth, einen zentralen Platz in seinem Offenbarungsverständnis zu. Anders als Barth jedoch versucht er durch die gegenseitige Identifizierung der „ökonomischen" und „immanenten" Trinität die göttliche Wahrheit und Wirklichkeit ihren Ausgangspunkt in der „ökonomischen" Trinität nehmen zu lassen, wodurch diese Wahrheit und Wirklichkeit Gottes für den Menschen erfahrbar wird. Barth hingegen beginnt mit dem innertrinitarischen Sein Gottes als *der* göttlichen Wahrheit und Wirklichkeit, zieht die „immanente" Trinität der „ökonomischen" als Ausgangspunkt von Offenbarung vor.

Jedoch gibt es auch bei Rahner Unterschiede zwischen der „ökonomischen" und der „immanenten" Trinität, die zwar nicht explizit von ihm angesprochen werden, dennoch bei genauerer Betrachtung ihren Bestand haben. Diese Unterschiede basieren auf dem Personenverständnis der Trinitätslehre. Genau wie Barth mit seinem Begriff der „Seinsweisen" will Rahner den Personenbegriff im Hinblick auf die Dreifaltigkeit bzw. Dreieinigkeit Gottes vermeiden, der „das typisch neuzeitliche Verständnis von Person als dem autonomen und autarken

---

[255] Appropriation „ist jenes Verfahren, durch welches einer göttlichen Person Eigenschaften oder Tätigkeiten besonders zugesprochen werden, die in Wirklichkeit allen Personen gemeinsam sind" (LThK, Bd. 1, 3. Aufl. 1993, 891-892, hier 891). Für Rahner entsteht durch die Annahme eines solchen Verfahrens der Eindruck einer nicht nach außen geöffneten Dreifaltigkeit Gottes (vgl. Rahner, Der dreifaltige Gott, in: Feiner / Löhrer (Hg.), MySal, 325).

[256] Rahner, Der dreifaltige Gott, in: Feiner / Löhrer (Hg.), MySal, 329.

[257] Ebd.

Individuum vor Augen"[258] hat. Er verwendet deswegen den Begriff der „distinkten Subsistenzweisen"[259], um sowohl die Drei*einigkeit* (Subsistenzweisen von *Gott* Vater, *Gott* Sohn und *Gott* Geist) als auch die Drei*faltigkeit* (*distinkte* Subsistenzweisen von Gott *Vater*, Gott *Sohn* und Gott *Geist*) herauszustellen. Dabei ist jedoch zu beachten, daß dieser Begriff hauptsächlich in Zusammenhang mit der immanenten Trinität steht, als derjenigen Trinität, wie sie Gott an sich zukommt. Bei der Entfaltung des Gedankens der Selbstmitteilung Gottes, d.h. der Offenbarung in Verbindung mit der „ökonomischen" Trinität, verwendet er darüber hinaus nichtpersönliche, neutrale Formulierungen wie „das Mitgeteilte" (anstatt „Sohn"), „das Empfangene" (anstatt „Heiliger Geist") und „das Ausgesagte" (anstatt „Vater").[260] Diese unterschiedlichen Bezeichnungen die „immanente" und die „ökonomische" Trinität betreffend, sind deswegen möglich, weil „die Schrift [als raumzeitlich bedingter Ausdruck von Erfahrungen des Menschen] *explizit* eine Lehre von der ‚immanenten' Trinität *nicht* wirklich vorträgt (selbst der Johannesprolog ist keine solche)."[261]

2. „Immanente" Trinität und „transzendentale Christologie" und wahres Menschsein

Die neutralen Formulierungen Rahners implizieren den Modus des Angebots des universalen Heilswillen Gottes. Der Mensch ist *a priori* grundsätzlich in der Lage, das Ausgesagte *direkt* und *unmittelbar* (also ohne Vermittler) zu empfangen, nämlich mit Hilfe des „übernatürlichen Existentials" und der „transzendentalen Christologie". Das „Mitgeteilte" kann über die „transzendentale Christologie" und die dem Menschen *a priori* inhärente „Idee Christi" als in Jesus Christus Mitgeteiltes auch durch alltägliche Erfahrungen, die nicht ausschließlich mit Jesus von Nazareth in Verbindung stehen müssen, vom Menschen

---

[258] Vgl. Hilberath, Rahner, 110. Zum Problem der Anwendung des Personenbegriffs siehe Rahner, Der dreifaltige Gott, 342ff.
[259] Vgl. Rahner, Der dreifaltige Gott, in: Feiner / Löhrer (Hg.), MySal, 389.
[260] Vgl. ebd., 111f.; Vgl. dazu auch Rahner, 383f.
[261] Vgl. Rahner, Der dreifaltige Gott, 328.

„gehört" werden. Jede Wirklichkeit kann über die „transzendentale Christologie" auf Christus und letzendlich auf Gott verweisen.[262]

An dieser Stelle muß auch der Begriff des „anonymen Christentums" zu Sprache gebracht werden, da er den universalen Heilswillen Gottes, der das wahre Menschsein überhaupt erst ermöglicht, explizit zum Ausdruck bringt. Dabei ist jeder Mensch potentieller wahrer Mensch, da er durch das „übernatürliche Existential" (und insbesondere durch die „transzendentale Christologie") mit der göttlichen Wahrheit und Wirklichkeit, die ihm durch die gnadenhafte Liebe Gottes vermittelt wird, direkt in Verbindung steht. Rahner schreibt:

> „Weil die transzendentale Selbstmitteilung Gottes als Angebot an die Freiheit des Menschen einerseits ein Existential jedes Menschen, andererseits ein Moment an der Selbstmitteilung Gottes an die Welt, die in Jesus Christus ihr Ziel und ihren Höhepunkt hat, ist, kann man durchaus von einem ‚anonymen Christen' sprechen."[263]

Gott ist zwar in sich selbst, in seinem immanenten trinitarischen Sein, Gott Vater, Gott Sohn und Gott Geist, aber der Mensch in seiner raumzeitlichen Bedingtheit (=ökonomischen Trinität) ist in seinem wahren Menschsein nur auf Gott Vater als „das Ausgesagte" und Gott Geist als „das Empfangene" angewiesen. Gott Sohn hingegen ist für ihn und sein wahres Menschsein weniger als Jesus von Nazareth wichtig, vielmehr als transzendentaler Christus, auf den der Mensch mit Hilfe der „transzendentalen Christologie" und der ihm inhärenten „Idee Christi" auch unmittelbar aus seiner raumzeitlichen Bedingtheit heraus reflektieren kann. Das „Mitgeteilte" kann durch die „transzendentale Christologie" und die „Idee Christi" immer mit Jesus Christus in Verbindung gebracht werden. Es kommt dadurch zu einer direkten Verbindung von Mensch und Jesus Christus als Gott Sohn. Die immanente Trinität vermittelt das wahre Menschsein durch die „Subsistenzweise" des Sohnes direkt an den Menschen, da der Mensch in

---

[262] Vgl. Rahner, Schriften zur Theologie, Bd. XV. Wissenschaft und christlicher Glaube, Zürich (u.a.) 1983, 135.
[263] Rahner, Grundkurs, 178.

der „transzendentalen Christologie" direkt auf den Sohn Jesus Christus reflektieren kann, ohne über den Menschen Jesus von Nazareth „gehen" zu müssen.

Jesus Christus stellt, wie bei Barth, in seiner Wichtigkeit für die Erkenntnis des menschlichen Selbst und Sollens eine Art Gottmensch dar, dessen Existenz jedoch mehr in der Transzendenz Gottes, also in der immanenten Trinität, angesiedelt werden muß. Da der Mensch sein Sollen und Selbst nur in seiner Gottebenbildlichkeit wirklich erkennen kann, muß er ein Bewußtsein von Gottes Sein an sich, nämlich der „immanenten Trinität", gewinnen. Ein solches Bewußtsein ist aber nur als umfassendes (und damit seiner Gottebenbildlichkeit wahrhaftig und wirklich entsprechendes) möglich, wenn er neben Gott Vater und Gott Geist auch um das innertrinitarische Sein von Gott Sohn weiß. Diese Sohnschaft muß aber durch die Inkarnationslehre etwas mit der Menschwerdung zu tun haben. Sie muß den Menschen in seiner raumzeitlichen Bedingtheit ansprechen. Es stellt sich nun aber die Frage, ob die Menschwerdung des Logos als die Menschwerdung des Sohnes, *ausschließlich* mit dem Menschen Jesus von Nazareth in Verbindung gebracht werden muß. Mit anderen Worten: *Muß* Jesus von Nazareth das raumzeitliche Korrelat für die „transzendentale Christologie" sein, oder reicht die menschliche Erfahrung aus, die mit Hilfe der „suchenden Christologie" auf den transzendentalen Menschen Jesus Christus, der in der „Idee Christi" dem Menschen *a priori* gegeben ist, reflektiert?

Zunächst ist einmal festzustellen, daß mit dieser Frage die kategoriale Offenbarung als die raumzeitlich bedingte Selbstmitteilung Gottes in Jesus von Nazareth nicht geleugnet werden soll. Es soll lediglich nach der Notwendigkeit der Begegnung mit dem historischen Jesus für das wahre Menschsein gefragt werden. Auch bei Rahner besteht ein Zusammenhang zwischen transzendentaler Reflexion und faktisch Vorhandenem. Der christliche Mensch darf nicht so tun, als ob er durch die „transzendentale Christologie" und die ihr inhärente „Idee Christi" als „Idee eines absoluten Heilsbringers" zum ersten Mal eine Verbindung zu Jesus Christus als dem absoluten Heilsbringer herstellen würde.[264] Eine transzendentale Reflexion benötigt etwas, das reflektiert werden kann, wobei dieser Reflexionspunkt immer das zuerst Vorhandene sein muß. Dieser faktisch vorhandene Reflexionspunkt ist für Rahner der *Glaube* an Jesus Christus im Unterschied zur faktischen Historizität Jesu von Nazareth. Die transzendentale Christologie als *a priori* Gegebenes ist nur in Verbindung mit dem faktischen Glauben an Jesus Christus möglich.[265] Der Glaube an Jesus Christus ist jedoch nicht identisch mit dem Glauben an den historischen Jesus von Nazareth.[266] Die Begegnung mit Jesus von Nazareth muß historisch, d.h. wissenschaftlich belegbar sein, während die Begegnung mit Jesus dem Christus *nur* im Glauben stattfinden kann,[267] weil ausschließlich der Glaube das Geheimnis des Göttlichen (und somit niemals ganz Greifbaren) in Jesus Christus widerspiegelt. Die Frage der Christologie ist weniger die Frage, ob Jesus von Nazareth der Christus ist, als vielmehr die Frage des Glaubens an Jesus Christus,[268] „die jeden einzelnen in seiner konkreten menschlichen und gläubigen Existenz in Frage stellt und einfordert."[269]

Der Glaube an Jesus Christus bildet, wie gerade erwähnt, den Reflexionspunkt für die transzendentale Reflexion. Jedoch ist zu fragen, ob solch ein Reflexionspunkt im Rahner'schen Konzept überhaupt nötig ist. Er behauptet nämlich, daß eine fides qua (= Glaubensakt, als Glaube, mit dem geglaubt wird) gibt, der eine Inhaltlichkeit (also eine fides quae) von sich selber her besitzt.[270] Diese Inhaltlichkeit schließt zwar „diejenige Inhaltlichkeit, die wir im normalen Sprachgebrauch als Inhalt der geschichtlich abgegrenzten alt- und neutestamentlichen Offenbarung erkennen"[271] nicht aus, ist aber auch nicht zwingendermaßen auf sie angewiesen. In einer fides qua „kann [...] grundsätzlich [...] ein Wissen mitgegeben sein, das zwar durchaus nicht verbalisierter, gewußter Gegenstand im Bewußtsein sein

---

[264] Vgl. Rahner, Grundkurs, 203.
[265] Vgl. ebd., 226f.
[266] Vgl. ebd., 204.
[267] Vgl. ebd., 224f.
[268] Vgl. ebd., 230.
[269] Vgl. ebd., 227.
[270] Vgl. Rahner, Schriften, Bd. XV, 154.
[271] Vgl. ebd.

muß".[272] Der Glaube wird allein durch „eine übernatürliche, innere Gnade ermöglicht", das in der katholischen Tradition als „Glaubenslicht" bezeichnet wird.[273] Es muß mit dem „übernatürlichen Existential" und der „transzendentalen Christologie in unmittelbarem Zusammenhang gesehen werden. Dem Glauben ist bei Rahner folglich immer etwas *a priori* Gegebenes vorgeschaltet, das ihn bereits in seiner Richtung bestimmt. Es wird der Anschein vermittelt, als würde der Glaube zu einem Wissen eines schon immer Vorhandenem.

Durch die Annahme einer „transzendentalen Christologie", durch die über Erfahrungen mit der Um- und Mitwelt auf Jesus Christus reflektiert werden kann, ist es für Rahner möglich von vielen Christologien legitimer Art im Neuen Testament zu sprechen, „weil das unerschöpfliche Geheimnis, das in diesem Verhältnis [dem Verhältnis des Glaubens zu Jesus Christus] geborgen ist, unter verschiedenen Verstehenshorizonten, von verschiedenen Ausgangspunkten her und mit verschiedenem begrifflichem Instrumentar beschrieben werden kann".[274] Er schreibt weiterhin, daß „[w]enn wir sagen, daß dieses gemeinchristliche Verhältnis zu Jesus Christus durch den Begriff des absoluten Heilbringers charakterisiert werden kann, ist damit nicht geleugnet, daß dieses Verhältnis durch *eine* Christologie neben anderen existierenden oder Christologien theoretischer Reflexion beschrieben wird, aber doch behauptet, daß alle solche existierenden oder möglichen Christologien bei gutem Willen sich in einer solchen Beschreibung wiedererkennen können."[275] Das menschliche Verhältnis zu Jesus Christus wird durch den Glauben, der verschieden reflektiert werden kann, aufgebaut, nicht jedoch „von außen", d.h. aus der raumzeitlichen Bedingtheit heraus.[276] Dabei ist jedoch zu beachten, daß bei Rahner eigentlich nicht der Glaube reflektiert wird, sondern vielmehr die *a priori* gegebene „transzendentale Christologie" in verschiedenen menschlichen Erfahrungen zum Bewußtsein vordringt. Der christliche Glaube ist dem Menschen zwar im Kult und im Gebet vorgegeben,

---

[272] Ebd.
[273] Rahner, Karl / Vorgrimler, Herbert, Kleines theologisches Wörterbuch, Freiburg im Breisgau 10. Aufl. 1976, 153.
[274] Vgl. Rahner, Grundkurs, 205.
[275] Ebd.
[276] Vgl. ebd., 205f.

bezieht sich dabei jedoch auf eine bestimmte Christologie,²⁷⁷ die durch die „transzendentale Christologie" als Bedingung der Möglichkeit einer bestimmten Christologie, vorherbestimmt ist. Folglich ruft „die transzendentale Christologie einen Menschen an, der [...] mindestens aus der im Christentum reflektierten allgemeinen Offenbarung in Gnade, schon (*mindestens* unthematisch) auf die Selbstmitteilung Gottes hin durch diese selbst finalisiert und dynamisiert ist [Hervorhebung M.F.]."²⁷⁸ Christologie ist damit in erster Linie „transzendentale Christologie".

Mit der transzendentalen Christologie soll auch nicht die Einmaligkeit des Gottmenschen Jesus Christus geleugnet werden. Jedoch ist dabei zu beachten, daß der Begriff des „Gottmenschen" mehr auf den transzendenten Jesus Christus, der untrennbar mit der Subsistenzweise des Sohnes in Verbindung steht, als auf die zwei Naturen des historischen Jesus anzuwenden ist. Damit ist nicht jeder Mensch nur aufgrund der ihm inhärenten „Idee Christi" zugleich Gottmensch.²⁷⁹ Dennoch ensteht bei Rahner der Eindruck, daß obwohl die „transzendentale Christologie" mit der ihr inhärenten „Idee Christi" ein geschichtlich erfahrbares Korrelat haben muß, dieses Korrelat in Form des Menschen Jesus von Nazareth nicht notwendigerweise zum Erkennen des menschlichen Sein und Sollens beiträgt. Der Mensch kann „in der innersten Mitte seiner Existenz"²⁸⁰ die Zusage der Liebe Gottes hören, indem er „als leibhaftiger und geschichtlicher Mensch nach einer Erfahrung [...] am anderen Menschen"²⁸¹ Ausschau hält und dieses göttliche Zusage in Jesus von Nazareth vollkommen vorfindet. Aufgrund der „transzendentalen Christologie" und der „Idee Christi" ist es aber auch möglich, Gott und seine Liebe aus der „unvollkommeneren" Um- und Mitwelt zu erfahren, so daß der Eindruck vermittelt wird, der Mensch müsse zwar raumzeitlich bedingte Erfahrungen machen, diese reichen aber als geschichtliches Korrelat, um auf die „Idee Christi" hin ein bewußtes und thematisches Erkennen Gottes (und somit des menschlichen Sollens und Selbst) zu ermögli-

---

[277] Vgl. Bokwa, Christologie als Anfang und Ende der Anthropologie, 137.
[278] Vgl. Rahner, Grundkurs, 208.
[279] Vgl. ebd., 217.
[280] Rahner, Schriften, Bd. XV, 137f.

chen. Der Mensch hat in seiner auf das „übernatürliche Existential" und der transzendentalen Christologie hin reflektierten in Raum und Zeit gemachten Erfahrung eine Vermittlung, die sich zwischen Transzendenz und raumzeitlicher Bedingtheit vollzieht. Die dem Menschen von Gott gegebene apriorische „Idee Christi", deren sich der Mensch in seinen raumzeitlich bedingten Erfahrungen als kategoriale Offenbarung bewußt wird, ersetzt die Notwendigkeit der geschichtlichen Begegnung mit dem historischen Jesus von Nazareth.

Die Wichtigkeit des historischen Jesus von Nazareth wird von Rahner zum großen Teil auf den transzendenten Menschen Jesus Christus „erhoben", der sein transzendentes Menschsein durch Gott den Sohn erhält. In der Christologie und deren Vermittlerfunktion bezüglich des wahren Menschseins nimmt bei Rahner eindeutig die transzendentale Christologie (bzw. die transzendentale Offenbarung) die Vorrangstellung gegenüber der kategorialen ein, „die lange Zeit einen fast apodiktischen Charakter" inne hatte.[282] Damit ist es aber auch dem Menschen möglich, sein wahres Menschsein bereits in seiner raumzeitlichen Bedingtheit zu erlangen, da er durch sein „übernatürliches Existential", die „transzendentale Christologie" und die ihm inhärente "Idee Christi" direkt am wahren Menschsein Jesu Christi Anteil hat. Die „ökonomische" Trinität, die das Heilshandeln Gottes für den Menschen in seiner raumzeitlichen Bedingtheit erfahrbar macht, besteht damit aus dem in der Pneumatologie „Empfangenem", das über die „transzendentale Christologie" auf Gott Vater, als das „Ausgesagte", thematisch und reflektiert bezogen werden kann. Der Mensch in seiner apriorisch vorgegebenen Wesensstruktur, wie sie in der „transzendentalen Christologie" vorliegt, kann auf den transzendenten Christus aus bestimmten Erfahrungen heraus reflektieren. Dabei erfährt er zunächst sein Selbst noch unbewußt als von Gott konstituiert in der Geist- bzw. Gotteserfahrung, die sich in der Erfahrung der unverschuldeten gnadenhaften und liebevollen Annahme durch Gott ausdrückt. Durch die menschliche „Kongenialität" für diese gnadenhafte göttliche Liebe ist sich der Mensch auch seines Sollens (zunächst ebenfalls unthematisch) bewußt. Sollen und Selbst werden erst

---

[281] Ebd.
[282] Vgl. Hilberath, Rahner, 117.

durch die menschliche Reflexion auf die „transzendentale Christologie", d.h. auf den transzendenten Menschen Jesus Christus, zum Wissen um das wahre Menschsein.

III. Zusammenfassung und Fazit

Bei Karl Rahner kulminiert das wahre Menschsein als der Zusammenhang von Sein-Sollen-Selbst in Jesus Christus. In seiner Theologie besteht jedoch eine starke Gewichtung des transzendentalen Aspekts, das sich auch im Offenbarungsverständnis widerspiegelt. Es kommt zu einer Überbetonung der mit der transzendentalen Christologie verbundenen transzendentalen Offenbarung gegenüber der kategorialen. Der wahre Mensch Jesus Christus ist bei Rahner der transzendente Mensch Jesus Christus, in dem Gott Sohn wahrer Mensch wird. Die „immanente Trinität" des Vaters, Sohnes und Geistes, als Gottes Sein an sich, wird durch den Sohn in der transzendentalen Christologie (als dem transzendenten Menschen Jesus Christus) wahrer Mensch.

Der Mensch in seinem raumzeitlich bedingtem Menschsein hat durch das „übernatürliche Existential" und die „transzendentale Christologie" Verbindung zur Transzendenz Gottes, nämlich der „immanenten Trinität" als das An-sich-Sein Gottes. Dabei handelt es sich zunächst um „ein anonymes und unthematisches Wissen von Gott". Es werden vom Menschen Erfahrungen gemacht, die ihm bewußt machen, daß er in ihnen immer schon auf ein „Mehr" hinausgreift, d.h., daß er in ihnen immer schon sein eigenes, raumzeitlich bedingtes Selbst überschreitet. Er erfährt sein Selbst (ebenfalls noch unthematisch) durch dieses „Mehr" konstituiert und ihm wird bewußt, daß er es nicht von sich aus konstruieren kann.

Erfahrungen, die den Menschen in seinem Selbst auf (den noch unthematisch gewußten) Gott weisen, nennt Rahner Geisterfahrungen. Solche Erfahrungen fangen bei der Gegenstandserkenntnis an, wobei die Dynamik des Geistes als „intellectus agens" vom einzelnen Gegenstand her initiiert werden muß, da der Mensch in seinem transzendentalen Wesenskern immer auf ein konkretes, raumzeitlich bedingtes, Faktum angewiesen ist, um diesen transzendentalen Wesenskern zum Bewußtsein (und letztendlich zum Selbstbewußtsein) vordringen zu lassen. Durch die Geisterfahrung ist dem Menschen die Vervollkommnung seines Selbst durch ein anderes als sein eigenes Selbst bewußt, wenngleich von diesem anderen noch nicht als personale Gottheit, d.h. dem Gott Jesus Christus, gesprochen werden kann. Es muß für den Menschen erst zu einer konkreten Gotteserfahrung kommen, ohne die er sein Selbst niemals ganz begreifen kann. Diese konkrete Gotteserfahrung kann nur über das Bewußtwerden der göttlichen gnadenhaften Liebe (und in Verbindung damit der „transzendentalen Christologie") gemacht werden. Der Mensch muß Gnade und Liebe, als wirkliche übernatürliche gnadenhafte Liebe, als die innerste Mitte seiner Existenz (und folglich seines Selbst) erfahren. Damit gelangt er zur Gotteserfahrung, weil Gott selbst mit dieser Gnade und Liebe identisch ist.

Die gnadenhafte Liebe Gottes ist durch das „übernatürliche Existential" und die „transzendentale Chrsitologie" jedem Menschen *a priori* unverdient gegeben. Der Mensch ist immer schon der von Gott begnadete und steht unter dessen Liebe und Gnade, die den göttlichen Heilswillen ausdrücken. Die befreiende unverdiente Gnade und Liebe Gottes ist das das menschliche Selbst konstituierende göttliche Gegenüber. Sie ist jedem Menschen als innerster Wesenskern inhärent.

Rahner legt im „übernatürlichen Existential" und seiner „transzendentalen Christologie" die Grundlage, die göttliche Ebenbildlichkeit und damit den Zusammenhang von Sein-Sollen-Selbst aus dem je einzelnen Menschsein heraus erkennen zu können. Es besteht dadurch die Bedingung der Möglichkeit (was ja die Bedeutung des Begriffs „transzendental" ausmacht) des Übergangs vom Menschsein zum wahren Menschsein, da jedem Menschen durch die göttliche Gnade und Liebe prinzipiell göttliche Wahrheit und Wirklichkeit (und somit wahres Menschsein) inhärent ist. Um sein Selbst als bewußt in Gott konstituiert zu erkennen, braucht der Mensch etwas, das ihn dies in seiner raumzeitlichen Bedingtheit erfahren läßt und somit die Geisterfahrung zur Gotteserfahrung werden läßt.

Die „Kongenialität" für die göttliche Liebe bietet dem Menschen eine solche raumzeitliche Erfahrung. Der Mensch kann in der absoluten, gnadenhaften göttlichen Liebe sich selbst als von Gott angenommen erfahren. Die gnadenhafte Liebe Gottes läßt ihn sein Selbst im göttlichen Gegenüber gegründet erfahren. In seinem kontingenten Dasein erfährt der Mensch durch seine „Kongenialität" für die göttliche Liebe, Gott als setzenden Grund seines (also des menschlichen) Selbst. Gleichzeitig wird ihm die Umsetzung der göttlichen Liebe als sein Sollen bewußt, bei dem er sich durch den Nachvollzug eben dieser Liebe liebend seiner Um- und Mitwelt gegenüber öffnen sollte. Die Geöffnetheit auf die Um- und Mitwelt (insbesondere auf die Mitmenschen) muß demnach ebenfalls als eine apriorische Grundverfassung des Menschen angesehen werden.

Durch seine „Kongenialität" für die göttliche Liebe ist dem Menschen sowohl die Bedingung der Möglichkeit gegeben, sein Selbst und auch sein Sollen zu erkennen, wenngleich beides noch unthematisches und unreflektiertes Bewußtsein ist, das aus dem anonymen und unthematischen Wissen von Gott resultiert. Um zu einem thematischen und reflektierten Bewußtsein seines Sollens (und damit gleichzeitig seines Selbst) zu kommen, braucht der Mensch noch etwas, das ihm die Nächstenliebe als dieses der Gottebenbildlichkeit (die das Selbst des Menschen begründet) entsprechende Sollen vor Augen führt. Hierbei handelt es sich um die jedem Menschen inhärente „Idee Christi" die mit dem Konzept der „suchenden Christologie" untrennbar verbunden ist. Der Mensch ist schon immer suchender Christ, da er immer schon unter der gnadenhaften Liebe Gottes steht (und ihm die „transzendentale Christologie" als innerster Wesenskern vorgegeben ist). Somit kann er sich auch immer schon liebevoll für seine Um- und Mitwelt öffnen, ohne daß ihm dieses liebevolle Geöffnetsein als das seiner Gottebenbildlichkeit entsprechende Sollen bewußt ist. Erst die Begegnung mit Jesus Christus kann dieses Bewußtsein explizit hervorrufen.

In dieser Begegnung mit Jesus Christus als Begegnung mit der göttlichen Offenbarung, d.h. der Selbstmitteilung Gottes, wird bei Rahner jedoch mehr der transzendentale als der kategorialgeschichtliche Aspekt betont. Gott in seiner „distinkten Subsistenzweise" des Sohnes wird Mensch in Jesus, dem dadurch wahres Menschsein, als das in der Gottebenbildlichkeit gründende Zusammen von Sein-Sollen-Selbst inhärent ist. Dabei ist Jesus für den Menschen und sein wahres Menschsein weniger als historischer Jesus von Nazareth wichtig. Vielmehr ist es der transzendentale Christus, auf den der Mensch mit Hilfe der „transzendentalen Christologie" und der ihm inhärenten „Idee Christi" auch unmittelbar aus seiner raumzeitlichen Bedingtheit heraus reflektieren kann. Die „transzendentale Christologie" kann bereits durch den Umgang mit der Um- und Mitwelt „aktiviert" werden. Allein durch die Heilige Schrift oder durch irgendein anderes Bekanntwerden mit der christlichen Botschaft kann diese „aktivierte" „transzendentale Christologie" dann beim Namen genannt werden, ohne jedoch zwingendermaßen auf den historischen Jesus von Nazareth zurückzugreifen.[283] Es kommt zu einer unmittelbaren Verbindung von Mensch und Jesus Christus als Gott Sohn. „Gott", so schreibt Bernhardt, ist „in seiner universalen Selbstmitteilung seiner Gnade inkarnatorisch auf den Menschen hin ausgerichtet."[284] Der Mensch steht in seiner Anthropologie über die „transzendentale Christologie" unmittelbar mit Gott selbst (und somit der „immanenten" Trinität als das An-sich-Sein Gottes) in Verbindung. Anthropologie ist folglich auch Theologie.

Der Mensch in seiner raumzeitlich bedingten Existenz benötigt jedoch trotz seiner transzendentalen Offenheit einen kategorialen Gegenstand, „einen Halt und Anhalt gewissermaßen, um sich nicht im leeren Nichts zu verlieren."[285] Der im christlichen Glauben stehende Mensch darf nicht so tun, als ob er durch die „transzendentale Christologie" und die ihr inhärente „Idee Christi" als „Idee eines absoluten Heilbringers" zum ersten Mal eine Verbindung zu Jesus Christus als dem absoluten Heilsbringer herstellen würde.[286] Eine transzendentale Reflexion benötigt etwas, das reflektiert werden kann, wobei dieser Reflexionspunkt immer das zuerst faktisch Vorhandene sein muß. Dieser faktisch vorhandene Reflexionspunkt ist der *Glaube* an Jesus Christus als Sohn Gottes. Glaube jedoch bezieht sich auf den Christus des Glaubens, der als transzendentaler Christus Vorrang vor dem historischen Jesus von Nazareth besitzt.

---

[283] Die „transzendentale Christologie" könnte auch durch eine Person „aktiviert" werden, der ähnliche oder dieselben „Eigenschaften" zugesprochen werden, ohne jedoch tatsächlich, d.h. faktisch, Jesus von Nazareth zu sein.
[284] Vgl. Bernhardt, Absolutheitsanspruch, 179.
[285] Vgl. Neuhaus, Transzendentale Erfahrung als Geschichtsverlust?, 102.
[286] Vgl. Rahner, Grundkurs, 203.

Genau an diesem Punkt soll die Kritik an Rahners Verständnis der Offenbarung ansetzten. Auch bei ihm läßt erst die Christusbotschaft die „suchende Christologie" explizit werden, was aber nicht bedeutet, daß sie an Jesus von Nazareth als tatsächlich historisch existierenden Menschen gebunden ist. Rahner betont hauptsächlich den kategorial-geschichtlichen Vollzug der wesensmäßig transzendentalen Veranlagung des Menschen, ohne dabei explizit auf den Menschen Jesus von Nazareth zu weisen. Es kommt zu einer Art Welt- und Geschichtslosigkeit Jesu Christi. Der Mensch Jesus Christus, d.h. nach der Zwei-Naturen-Lehre die menschliche Natur Christi, existiert mehr als transzendentaler Christus des Glaubens, auf den in der jeweils spezifischen menschlichen Erfahrung unmittelbar reflektiert werden kann. Dabei ist der Glaube selbst jedoch keinen kategorialgeschichtlichen Bedingungen unterworfen, sondern findet seinen Ausgangspunkt wiederum in einer transzendentalen Vorgegebenheit, nämlich der „transzendentalen Christologie" mit der ihr inhärenten „Idee Christi". Es ist nicht ausschließlich der historische Jesus der Mittler bzw. Vermittler des wahren Menschseins, sondern vielmehr die „Welt- und Menschenbegegnung"[287], die auf die dem Menschen *a priori* gegebene „Idee Christi" hin reflektiert wird. Der Mensch muß im Vollzug seines wahren Menschseins aus seiner kategorialen Geschichtlichkeit heraustreten und auf die transzendentale Christologie hinausgreifen, die ihrerseits aber nicht unbedingt einer geschichtlichen, raumzeitlich bedingten, Grundlage bedarf. Dazu schreibt Hilberath, indem er sich auf Rahners Ausführungen in der Schrift *Die Logik der existentiellen Erkenntnis bei Ignatius von Loyola*[288] bezieht, folgendes:

> „Rahner scheint auch eine thematisch werdende Transzendenz ohne kategoriale Vermittlung zu kennen. In seinen Ausführungen [...] geht es Rahner um die Erfassung des für den einzelnen (religiös bedeutsamen) Existentiellen, um die ‚Findung des Willens Gottes für den je ein-

---

[287] Vgl. Rahner, Schriften, Bd. VI, ebd., 292f.
[288] Rahner, Karl, Die Logik der existentiellen Erkenntnis bei Ignatius von Loyola, in: Ders., Das Dynamische der Kirche (QD 5), Freiburg 1958, 74-148.

zelnen Menschen'[289] [...]. Bei dem Erfassen ‚handelt es sich nicht um eine Erkenntnis rational diskursiver und begrifflich gegenständlicher Art, sondern um eine intellektuelle Erkenntnis, die im letzten beruht auf dem schlichten Beisichsein des innerlich gelichteten Subjekts, das in seinem Aktvollzug um sich selber weiß, ohne daß der Wissende und das Gewußte sich in einer Weise entgegengesetzt wären, wie dies hinsichtlich jener Objekte der Fall ist, die durch die Hinwendung zu einem sinnlichen Vorstellungsmodell [...] bewußt werden.[290] [...] Die ‚ungegenständliche' Gotteserfahrung meint [...] ein Erfassen Gottes ‚als er selber allein, insofern er nicht gewissermaßen ‚vertreten' oder verbunden ist mit einer anderen, wenn auch religiös gewichtigen Wirklichkeit'.[291] [...] Es gibt [...] eine ungegenständliche Erkenntnis der Transzendenz als ‚thematisch gewordener Grundrichtung des Geistes, die sonst entweder nur als unthematische Bedingung der Wirklichkeit [...] oder als bloßer Reflex der Vergegenständlichung [...] des begrifflichen Denkens gegeben ist'.[292]"[293]

Der Mensch kann durch die „Idee Christi" Gott in seiner immanenten Trinität ungegenständlich erfahren und somit auch den auf seiner Gottebenbildlichkeit basierenden Zusammenhang von Sein-Sollen-Selbst. Er gewinnt diese Gotteserfahrung zwar aus seiner kategorialen Erfahrung heraus, welche aber eine gewisse Dynamik in sich birgt. Sie ist also nicht an ein vorgegebenes raumzeitlich bedingtes Faktum gebunden, das *die* göttliche Wahrheit und Wirklichkeit in die menschliche Existenz vermittelt. Der feste unveränderbare Zusammenhang zwischen „immanenter" und „ökonomischer" Trinität, wie er auch bei Rahner bestehen muß, ist folglich nur auf einer transzendenten Ebene möglich, auf die hin aber aus der Dynamik menschlichen Lebens

---

[289] Vgl. ebd., 79.
[290] Vgl. ebd., 83 (Anm. 23).
[291] Vgl. ebd., 118.
[292] Vgl. ebd., 140f.

durch die „transzendentale Christologie" hin reflektiert wird. *Die göttliche Wahrheit und Wirklichkeit kann aufgrund der Dynamik des „Aktivierungspunktes", nämlich menschlicher Erfahrung, nicht vom Menschen selbst vollkommen erfaßt werden.*

Bei Rahner entsteht der Eindruck, daß „[d]ie transzendentale Offenbarung [...] eindeutig die erste Stelle"[294] einnimmt. Dadurch gewinnt eine Deszendenzchristologie, die die kategorial-geschichtliche Christusoffenbarung im Menschen Jesus von Nazareth umgeht, eine eigene Bedeutung und Kraft.[295] Gerade deshalb kann sich Karl Rahner aber auch für einen Absolutheitsanspruch des Christentums aussprechen. Anders als Barth, bindet er diesen Absolutheitsanspruch nicht an den *Menschen* Jesus Christus, da er die „Idee Christi" mit der damit verbundenen „transzendentalen Christologie" als für die Definition des menschlichen Wesens grundlegend behauptet. Während Barth einen exklusiven Absolutheitsanspruch vertritt, der mit der grundlegenden Bedeutung der menschlichen Existenz Jesu Christi zusammenhängt, ist bei Rahner von einem inklusiven Absolutheitsanspruch zu sprechen, der mit der Definition von Menschsein in Verbindung steht: Christsein als notwendige und hinreichende Bedingung für das Menschsein, das durch ein Bewußtwerden dieser Bedingung zum wahren Menschsein wird. Alle Menschen sind dementsprechend unbewußt oder bewußt Christen, was sie zu Menschen bzw. wahren Menschen macht.

Während Barth die Geschichte in Jesus Christus absolut setzt und somit den christlichen Absolutheitsanspruch behaupten kann, ist es bei Rahner das *a priori* gegebene transzendentale menschliche Wesen, das jeden Menschen prinzipiell zum Christen macht. Beide vernachlässigen die christliche Innenperspektive aus der sie ihr Offenbarungsverständnis in Bezug auf das wahre Menschsein entwickeln. Sie gestehen der Geschichte nicht ihre je eigene Wirkung auf den Menschen zu und erkennen nicht den Einfluß, den diese auf das Offenbarungsverständnis hat. Denn obwohl Rahner von der Erfahrung des Menschen ausgeht, setzt er vor diese die *a priori* gegebene „Idee

---

[293] Hilberath, Rahner, 114f.
[294] Vgl. ebd., 117.
[295] Vgl. Rahner, Grundkurs, 179.

Christi", die ihrerseits das Koordinatensystem für jegliche Erfahrung des wahren Menschseins vorgibt und somit implizit jede Erfahrung bereits eine christliche sein läßt. Es stellt sich aufgrund dessen die Frage, ob sein Ansatz tatsächlich von der menschlichen Erfahrung ausgeht, da er dem je eigenen individuellen Menschen nicht wirklich seine je eigene grundlegende, d.h. das Koordinatensystem prägende, Erfahrung machen läßt. Die raumzeitlich bedingte Geschichte des Menschen muß bei einem dynamischen Wahrheitskonzept den Ausgangspunkt jeglicher Erfahrung von Wahrheit bilden, ohne dabei die Wahrheit vollkommen in der raumzeitlichen Bedingtheit des Menschen aufgehen zu lassen. Erfahrung muß immer eine Perspektivität von Wahrheit implizieren, wobei die in dieser Erfahrung inhärente Wahrheit weiterhin Wahrheit bleibt. Der qualitative Wesenskern von Wahrheit ändert sich nicht. Es kann nur an die Wahrheit *geglaubt* werden. Aber anders als bei Rahner muß der Glaube an die Wahrheit durch die raumzeitliche Bedingtheit selbst geprägt sein, da er ebenfalls einer gewissen perspektivischen Prämisse von Wahrheit unterliegt.

Es ist folglich nach einem Verständnis von Wahrheit zu suchen, das sowohl die transzendente Konstitution von Wahrheit (Überbetonung bei Rahner) als auch die Geschichtlichkeit von Wahrheit (Überbetonung bei Barth) in den Blick nimmt, ohne jedoch den Begriff der absoluten Wahrheit und Wirklichkeit Gottes zu relativieren bzw. ohne ihn in der Geschichte zu verabsolutieren. Offenbarung als ein Bewußtwerden von Wahrheit kann somit niemals die Offenbarung der absoluten Wahrheit sein, sondern muß immer auch in ihrer Beschränktheit gesehen werden. Die absolute Offenbarung an sich kann dem Menschen in seiner raumzeitlichen Bedingtheit niemals zuteil werden. Absolute Wahrheit und Wirklichkeit und die diese Wahrheit und Wirklichkeit vollkommen aufdeckende Offenbarung sind allein der transzendenten Sphäre Gottes inhärent und stets ausschließlich die Bedingungen der Möglichkeit für den Menschen sich beides, im Glauben daran bewußt zu machen. Der Glaube an göttliche Wahrheit und Wirklichkeit, darf dabei nichts anderes als sich selbst als Ausgangspunkt nehmen. Es darf als dessen Voraussetzung weder die Geschichte eines Menschen, noch die Annahme einer transzendentalen Veranlagung des menschlichen Wesens gelten. Vor dem Glauben kann für den Menschen nichts kommen. Vielmehr ist er als Ausgangspunkt unhintergehbar.[296]

---

[296] Vgl. Herms, Offenbarung und Glaube, ebd., 468f.

C. Glaube, Erfahrung und Offenbarung – ein Lösungsvorschlag

I. Problemlage

In diesem letzten Kapitel soll das Offenbarungsverständnis von Barth und Rahner nochmals „durchleuchtet" werden und zwar vordem Hintergrund des Verständnisses von Offenbarung bei Eilert Herms[297] und Richard Niebuhr[298]. Dabei kann es nicht die Aufgabe dieses Abschlußkapitels sein, das Offenbarungsverständnis beider zuletzt genannter Theologen ausführlich darzulegen. Vielmehr soll der von ihnen je gewählte spezifische Ansatz zu einer fruchtbaren Synthese mit denen von Rahner und Barth vereint werden, wobei diese Synthese nur einen neu entstandenen Lösungsvorschlag streifen kann, der noch „in seinen Kinderschuhen steckt".

Zunächst soll die Problematik angesprochen werden, die entsteht, wenn als Ausgangspunkt für Offenbarung, wie bei Barth, die absolute Wahrheit und Wirklichkeit Gottes gesehen wird. Dieser Ausgangspunkt impliziert eine starre Annahme von göttlicher Wahrheit und Wirklichkeit, die in ihrer Unveränderlichkeit auf die raumzeitlich bedingte Existenz des Menschen trifft und diesem eine immerwährende Wahrheit vermittelt. Der Mensch kann wahrer Mensch werden (im Sinn von Aktualität oder Potenzialität), indem er die Offenbarung der göttlichen Wahrheit und Wirklichkeit erkennt, die sich unter raumzeitlichen Bedingungen ein für allemal ereignet hat. Er kann aber wahrer Mensch nur werden, wenn er Empfänger dieser einmalig ergangenen Offenbarung in Raum und Zeit ist, d.h. in unserem Fall, wenn er Anhänger des christlichen Glaubens ist, der in Jesus von Nazareth den

---

[297] Herms, Offenbarung und Glaube.
[298] Niebuhr, Richard, The Meaning of Revelation, New York 1946.

Christus als Gott Sohn erkennt. Das kann es zu einem Absolutheitsanspruch führen, der die Exklusivität der Wahrheit und Wirklichkeit für sich behauptet und das Dynamische und Kontingente der raumzeitlich bedingten menschlichen Geschichte außer acht läßt. Wahrheit und Wirklichkeit Gottes wird als *a priori* durch Offenbarung Gegebenes angenommen und der menschlichen Existenz gegenübergestellt. Wahres Menschsein und der damit implizierte Zusammenhang von Sein-Sollen-Selbst wird dem Menschen in seiner raumzeitlich bedingten Existenz *vor*gegeben, ohne daß die Entwicklung und Beeinflußung, die passiv durch eine bestimmte Tradition und Geschichte bestimmt ist (und die keine Apriorizität kennt), des Menschen in irgendeiner Weise Beachtung findet. Entwicklung basiert ja gerade auf Erfahrung und stellt einen kontinuierlichen Prozeß dar. Es ist damit unmöglich von Entwicklung zu sprechen, die einen vollkommen *a priori* gegebenen Ausgangspunkt annimmt, da *vor* jeder Erfahrung bzw. von vornherein kein Prozeß stattfinden kann. Bestimmte Traditionen, die einen solchen Prozeß darstellen, dürfen aber nicht einfach ausgeblendet werden, weil der Mensch von Geburt an ein kommunikatives Wesen besitzt, das in Wechselwirkung mit u.a. einer bestimmten Sprache oder bestimmten Werten und Normen steht.

Es stellt ebenfalls ein Problem dar, wenn, wie im Rahner'schen Konzept, mit einer raumzeitlich bedingten Erfahrung des Menschen begonnen wird, der aber ein a priori gegebenes Koordinatsystem zugrunde liegt, das alle gemachten Erfahrungen letztendlich auf *die* Wahrheit und Wirklichkeit Gottes ausrichtet. Dadurch wird der menschlichen Existenz zwar vordergründig Dynamik zugestanden, wobei diese scheinbare Dynamik jedoch durch einen festgelegten Ausgangs- und Endpunkt bestimmt ist. Wahres Menschsein ist jedem Menschen inhärent, also eine universale Eigenschaft. Die Definition wahren Menschseins selbst wird jedoch aus bestimmter, nämlich im Zusammenhang mit der Christuserfahrung stehender, wahrer menschlicher Erfahrung heraus vorgenommen, was letztendlich zu einer Hierarchie solcher Erfahrung führt. Auch in einem solchen Fall kann daraus ein Absolutheitsanspruch abgeleitet werden, der nicht auf der Einmaligkeit von Wahrheit gründet, sondern die Absolutheit einer bestimmten Dynamik behauptet. Während Barth somit seinen Absolutheitsanspruch „von oben", aus der „immanenten" Trinität heraus begründet, behauptet Rahner „von unten", aus dem (bewußt/thematisch oder unbewußt/unthematisch) vorgegebenen Ausgangspunkt menschlicher Erfahrung (als Bedingung der Möglichkeit von Erfahrung überhaupt) seinen Absolutheitsanspruch, indem er alle Erfahrung in der Erfahrung Jesu Christi kulminieren läßt. Das Endergebnis ist das gleiche: Der Auswirkung der Kontingenz raumzeitlicher Bedingtheit auf den Wahrheitsbegriff wird ungenügend Aufmerksamkeit gewidmet. Der Einfluß bestimmter raumzeitlich bedingter Strukturen und deren Einfluß auf den Menschen selbst wird nicht als wirklich ausschlaggebend in den Blick genommen. Während Barth versucht dem Menschen ein starres Offenbarungsverständnis von außerhalb des menschlichen Selbst zu oktroyieren, geht Rahner den entgegengesetzten Weg: indem er in das menschliche Selbst ein bestimmtes Offenbarungsverständnis „injiziert", richtet er die Erkenntnis des Menschen automatisch auf den Christusgott auf.

Demnach ist ein Ansatz für das Verständnis von Offenbarung zu wählen, der sowohl die grundlegende Bedeutung der raumzeitlich bedingten Geschichtlichkeit des Menschen als auch die grundsätzliche Unverfügbarkeit der göttlichen Wahrheit und Wirklichkeit in Betracht zieht. Dieser Ansatz, der *immer* aus der menschlichen Existenz heraus unternommen wird, kann nicht Offenbarung als das vollkommene Erscheinen *der* göttlichen Wahrheit und Wirklichkeit und die Geschichtlichkeit der menschlichen Existenz als das zu vereinigende „Gegenpaar" sehen, sondern muß vielmehr Glaube, als Bedingung der Möglichkeit, überhaupt von Wahrheit und Wirklichkeit sprechen zu können, und menschliche Geschichte zu einem sich komplettierenden Ganzen zusammenfügen. Geschichte kann keinen Anspruch auf Absolutheit erheben, ohne die eigene Bedingtheit und Kontingenz außer acht zu lassen. Der Mensch kann sich in seinem Erkennen des Zusammenhangs von Sein-Sollen-Selbst nicht aus der Geschichte und Tradition herausnehmen, soll es weiterhin *sein* Erkennen bleiben. Weder bei Barth noch bei Rahner ist es im Endeffekt dieses Erkennen des Menschen selbst. Beide gehen letztendlich von einer möglichen absoluten Erkenntnis der göttlichen Wahrheit durch den Menschen aus.

Offenbarung als „*das völlig passive* (von uns *nur* als von jenseits unserer Selbst her sich ereignende *transzendente*) *Erschlossensein des Wirklichkeitsbezuges*"[299] muß bei diesem eben angesprochenen Verständnis nach wie vor der Grund für den Glauben bleiben, wobei dieser Grund, genau wie der Glaube selbst, nicht vom Menschen als *die* Wahrheit und Wirklichkeit Gottes, als der *absolute* Glaubensgrund (wie ihn Gott alleine kennt) angenommen werden kann. Dem Menschen ist es nicht möglich Offenbarung als Offenbarung unmittelbar (und somit auch *a priori*) zu erkennen,[300] weil es *die* Gegenwart (und das „Von-Vornherein") an sich für den Menschen nicht gibt.[301] Es ist für ihn nur möglich, sich etwas gegenwärtig bewußt zu machen, sei es ein physischer oder psychischer Vorgang, das immer bereits der Vergangenheit, als einem kontinuirlichen Vergehen von Geschehen, angehört. Außerdem ist die Offenbarung, als Offenbarung *für* den Menschen, immer den Bedingungen von Raum und Zeit unterworfen, so daß es sich um ein (nicht *das!*) Offenbarungs*geschehen* handelt, das sich der Mensch erst als Offenbarung bewußt machen kann, wenn es stattgefunden hat. Von Offenbarung kann demzufolge nicht als Moment gesprochen werden, sondern als Ereignis, dem eine gewisse raumzeitliche Kontinuität innewohnt und das als solches ausschließlich in der Retrospektive wahrgenommen wird. In diese Retrospektive fließt dann auch die raumzeitliche Bedingtheit des Menschen ein, was eine Perspektivität aufgrund geschichtlicher

---

[299] Herms, Offenbarung und Glaube, 180.

[300] „Unmittelbar" in diesem Zusammenhang bedeutet ohne Vermittlung durch Zeit. Es wird an dieser Stelle vom Autoren ein für den Menschen lineares Zeitverständnis angenommen, d.h., daß Zeit für den Menschen immer eine gewisse Zeitdauer meint, da Zeitpunkte, ähnlich wie die mathematische Definition eines Punktes, der im Raum keine Ausdehnung besitzt, als für die menschliche Existenz nicht festlegbar angenommen werden.

[301] Die Gegenwart des Jetzt ist ein infinitismaler dimensionsloser Zeit-Punkt, der zwischen dem Nicht-mehr und dem Noch-nicht liegt (vgl. Aristoteles, Physik, 217b, 34); siehe auch das Zeitverständnis Augustins v.a. im XI. Buch der Confessiones, bei dem Zeit als Gegenwart immer nur als Gegenwärtigkeit in der menschlichen Seele gemeint ist, nie als bestimmter Zeitpunkt. Einen einführenden Überblick über den Begriff der Zeit bietet Kramer, Rolf, Phänomen Zeit. Versuch einer wissenschaftlichen und ethischen Bilanz (Erfahrung und Denken. Schriften zur Förderung der Beziehungen zwischen Philosophie und Einzelwissenschaften, Bd. 84), Berlin 2000.

Kontingenz von Offenbarung impliziert und jeglichen Anspruch auf Absolutheit ausschließt.

II. Offenbarung, Erfahrung und göttliche Wahrheit und Wirklichkeit

Die göttliche Wahrheit und Wirklichkeit wird im religiösen Verständnis als mit dem Ursprung von allem Geschaffenen identisch angesehen. Gott der Schöpfer ist die immerwährende absolute Wahrheit und Wirklichkeit, die zwar in der Schöpfung erkannt werden kann, niemals aber, aufgrund der raumzeitlichen Bedingtheit von allem Geschaffenen, vollkommen in ihr aufgeht. Göttliche Wahrheit und Wirklichkeit ist insbesondere in der christlichen Tradition die Bedingung der Möglichkeit überhaupt, von Wahrheit und Wirklichkeit innerhalb der raumzeitlich bedingten Existenz des Menschen sprechen zu können.

1. Offenbarung

Es entsteht ein Problem, wenn zwischen göttlicher Wahrheit und Wirklichkeit und deren Offenbarwerden in der menschlichen Existenz kein qualitativer Unterschied gemacht wird, so daß jene in dieser vollkommen aufgehen kann. Nun kommt im Verständnis religiöser Offenbarung, insbesondere der christlichen, noch die Personengebundenheit hinzu. Jesus Christus ist der Offenbarungsträger, der Zugang zur göttlichen Wahrheit und Wirklichkeit besitzt. Durch die Bindung dieser Wahrheit und Wirklichkeit an Jesus Christus versuchen sowohl Rahner als auch Barth den qualitativen Unterschied zu wahren. Jesus Christus ist ganz Gott und ganz Mensch. Nun soll und kann hier nicht über die Problematik der Zwei-Naturen-Lehre diskutiert werden, aber aufgrund seiner menschlichen Existenz ist Jesus, will man jeglichen Doketismus vermeiden, raumzeitlich gebunden. Er stellt somit (es sei der Ausdruck verziehen) raumzeitlich gebundene immerwährende Wahrheit dar, was bereits ein Widerspruch in sich ist.[302]

Genau diesen Spagat versucht Barth in seinem Offenbarungsverständnis, und er gelingt ihm nur, indem er Jesus Christus als eine Art Gottmenschen bezeichnet, der eine gewisse Zwischenstelle zwischen Gott und Menschen einnimmt. Ihm kommt folglich, wie bereits ausführlich im Barth Kapitel erwähnt, eine besondere Geschichte zu, die aber nicht der raumzeitlichen Bedingtheit der menschlichen Geschichte (und somit ihrer Kontingenz) unterliegt. Daraus resultiert ein Absolutheitsanspruch, der dadurch zustande kommt, daß die raumzeitlich bedingte Geschichte des Menschen Jesus von Nazareth mit der besonderen Geschichte Jesu Christi untrennbar vermischt wird. Absolute Wahrheit und Wirklichkeit dringt in eine besondere menschliche Geschichte und deren darauffolgende Tradition ein und läßt sie zu einer Geschichte und Tradition besonderer Menschen werden, denen als einzige wahres Menschsein zugesprochen werden kann.

Barth beginnt seine Dogmatik mit der Trinitätslehre, d.h. der „immanenten" Trinität, als absolute göttliche Wahrheit und Wirklichkeit und läßt diese Lehre den unhintergehbaren Ausgangspunkt in der raumzeitlich bedingten Geschichte der Menschen sein, was automatisch den Eindruck eines statischen Wahrheitsbegriffs aufkommen läßt. Es muß jedoch gesehen werden, daß auch die Trinitätslehre ein „Produkt" des Glaubens ist. Nicht sie, sondern der Glaube an die göttliche Wahrheit und Wirklichkeit muß den Ausgangspunkt jeglicher Dogmatik bilden. Dogmatische Aussagen sind eine Selbstexplikation des Glaubens an die Wahrheit und Wirklichkeit Gottes, mit denen dieser versucht, den Grund seiner eigenen Möglichkeit zu explizieren.[303]

---

[302] Dieses Thema wurde intensiv in der altprotestantischen Dogmatik unter dem Stichwort „Extra Calvinisticum" verhandelt. Dabei wird angenommen, „daß der göttliche Logos ungeachtet seiner vollen Einwohnung in der Menschheit Christi auch ganz außerhalb (extra) derselben bleibe" (Schöpsdau, Extra Calvinisticum, in: RGG, Bd. 2, 1841). Das „Extra Calvinisticum" eröffnet die Möglichkeit, mit einer Manifestation des fleischgewordenen Logos auch außerhalb der Christusoffenbarung im Neuen Testament zu rechnen. Auch hier wird aber von dem Zusammenhang göttliche Wahrheit und Wirklichkeit, „immanente" Trinität und Jesus Christus ausgegangen, der wahres Menschsein universal mit der christlichen Tradition verbindet.

[303] Vgl. Herms, Offenbarung und Glaube, 347.

Als Glaubensaussage ist sie deswegen als notwendig zu erachten, wenngleich sie auch nicht absolut gesetzt werden darf. „The doctrine of the Trinity", schreibt Niebuhr, „is no satisfactory or final formulation of this understanding [that God comes to man in Jesus Christ], but it is more satisfactory than all the ancient and the modern pantheons wherein we ascend beyond the many gods or values to someone who is limited by them."[304]

Offenbarung begründet menschliche, raumzeitlich bedingte (nicht absolute!) Wahrheit und Wirklichkeit, indem sie dem Menschen eine Erkenntnis vorgibt, der er sich vorher noch nicht bewußt war. Diese Erkenntnis kann deswegen nicht mit der absoluten Wahrheit und Wirklichkeit identisch sein, weil es stets bestimmte raumzeitlich bedingte Situationen sind, die die Rahmenbedingungen für Offenbarung schaffen. Offenbarung selbst kann folglich nur aus einer solchermaßen bedingten Situation heraus als Offenbarung bezeichnet werden. Dabei „schiebt" das Offenbarungsgeschehen nicht, wie das bei Barth häufig den Eindruck macht, alle raumzeitliche Bedingtheit aus dem Weg indem es direkt aus der Transzendenz auf die Erde „fällt" und nicht darauf angewiesen ist *wo* es „hinfällt". Ebenso können die raumzeitlich bedingten Rahmenbedingungen nicht schon *a priori* auf die göttliche Wahrheit und Wirklichkeit ausgerichtet sein, wie es bei Rahner verstanden werden kann. Ein solches Konzept erweckt den Anschein, als ob allen Menschen, egal welche Rahmenbedingungen bei ihnen vorliegen, ein diesen Rahmenbedingungen vorgeschaltetes Koordinatensystem aufoktroyiert wird. Damit wird letztendlich auch der Einfluß der Rahmenbedingungen auf das Offenbarungsgeschehen in den Hintergrund gedrängt.

Trotzdem muß durch Offenbarung etwas Neues zu den raumzeitlich bedingten Rahmenbedingungen hinzukommen. Dem Menschen ist es folglich nicht möglich vor der Offenbarung bzw. dem Offenbarungsgeschehen, genau diese Erkenntnis zu erlangen. Es ist ihm nicht möglich sie aus seiner bisherigen Erfahrung abzuleiten, weil er nicht gleichzeitig Urheber und Empfänger von Offenbarung sein kann.[305] Herms nennt das Kennzeichen eines solchen Geschehens

---

[304] Niebuhr, Revelation, 184.
[305] Vgl. Herms, Offenbarung und Glaube, 283.

"Passivität", da der Mensch passiv in den Erkenntnisvorgang einbezogen wird, d.h. ihm ist es unmöglich eine Erkenntnis, die auf Offenbarung beruht, aktiv zu ergreifen.[306] Es geschieht etwas an und mit diesem Menschen. Mit anderen Worten: Offenbarung als Erkenntnisvorgang ist für den Menschen unverfügbar. Menschliche Aktivität ist damit nicht die Ursache von Offenbarung, jedoch stellt sie die Rahmenbedingungen für das Offenbarungsgeschehen dar und resultiert aus ihm als seine Konsequenz. Aktivität bedeutet dabei, daß der Mensch der Offenbarungserkenntnis aktiv in seinem weiteren Leben Rechnung tragen *muß*. „Was wir als passiv für uns erschlossen erleben", schreibt Herms, „das erleben wir als den unbezweifelbaren, schlechthin gültigen Grund und Gegenstand aller unserer eigenen Aktivitäten."[307] Er bezeichnet Offenbarung als „erwartungsprägende Erinnerung"[308], wobei er sich dabei nicht auf religiöse Offenbarung beschränkt, sondern das am Anfang des Einleitungskapitels erwähnte erweiterte Begriffsverständnis zugrunde legt.

Offenbarung in dem gerade erläuterten Sinn, beinhaltet eine absolute Verbindlichkeit für unser Handeln, den Aspekt der Passivität, mit der sie erlitten wird[309] und eine gewisse Zeitdauer[310], derer ein Erkenntnis*vorgang* unterliegt. Aus dem zuletzt genannten Aspekt läßt sich folgern, das auch jegliche Offenbarung ein Vorgang sein muß, der dem Menschen nicht unmittelbar und ohne Zeitdauer, bewußt werden kann, sondern einen gewissen Erschließungsvorgang als Geschehen impliziert.[311]

Offenbarung unterliegt folglich raumzeitlicher Bedingtheit, weil sie *nur* aus dieser Bedingtheit heraus als Offenbarung bezeichnet werden kann. Der Anfangspunkt des Offenbarungsgeschehens liegt in der

---

[306] Vgl. ebd., 178f.
[307] Vgl. ebd., 179. Demzufolge ist Offenbarung auch als „prozessuale Konstitution" zu bezeichen (ebd., 249).
[308] Vgl. ebd., 281.
[309] Vgl. ebd., 281ff., wo Herms ein Beispiel für derartige Offenbarung anführt.
[310] Vgl. ebd., 295.
[311] Vgl. ebd., 248f.284. Der Begriff des Erschließungsgeschehens geht auf Ian Ramsey zurück, der damit das definierende Charakteristikum einer besonderen Teilklasse von Situationen bezeichnet, nämlich die religiösen (Ramsey, Ian, Religious Language. An Empirical Placing of Theological Phrases, New York 1957).

Vergangenheit und wird in einem gegenwärtigen Geschehen aus dieser Vergangenheit heraus erschlossen. Das Offenbarungsgeschehen und dessen Inhalt[312] kann als zusammenhängende Offenbarung vom Menschen ausschließlich rückblickend (also in der Retrospektive[313]) erfaßt werden. Rein formal betrachtet kann Offenbarung bzw. das Offenbarungsgeschehen aufgrund seiner Gebundenheit an Raum und Zeit nicht als eine ein-für-allemal ergangene Mitteilung überzeitlicher, ewiger Wahrheit und Wirklichkeit gelten. Es vollzieht sich im Rückblick auf das bereits Erlebte, gibt diesem eine neue Bedeutung, läßt andere Zusammenhänge erkennen und gibt so dem Erlebten ein bisher noch nicht vorhandenes (und somit neues) Sinnmuster vor.

Die Retrospektive selbst unterliegt raumzeitlicher Bedingtheit. In ihr werden die Rahmenbedingungen für das Offenbarungsgeschehen deutlich. Sie ist ein Erschließungsvorgang, in den der Mensch nicht mehr aktiv handelnd eingreifen kann, da er bezüglich seiner inhaltlichen Erkenntnis für den Menschen bereits vergangen ist, jedoch Einfluß auf das aktive zukünftige Handeln besitzt. Der Mensch erinnert sich an ein bestimmtes Geschehen, das in dieser Erinnerung innnerhalb bestimmter raumzeitlich bedingter Rahmenbedingungen stattgefunden hat. In dieser Erinnerung wird dem Menschen etwas Neues bewußt, das er bis dahin noch nicht erfahren hat und das Einfluß auf seine Wahrnehmung bzw. sein Bewußtsein nimmt, so daß von zukünftigen Erfahrungen immer auch erwartet wird, daß sie durch die „Brille" dieses Neuen gesehen werden. Es kann somit von einer Erinnerung gesprochen werden, die die Erwartung prägt. Offenbarung als „erwartungsprägende Erinnerung"[314] ist aber nicht *per se* schon religiöse Offenbarung. Ihr ist noch keine explizite Gottgewißheit inhärent.

---

[312] Inhalt und Geschehen von Offenbarung stehen dabei in untrennbarer Verbindung. Der Inhalt ist bereits ein Geschehen, weil er die Weise des Erschlossenwerdens, d.h. das Offenbarungsgeschehen selbst, bestimmt. Das Geschehen wiederum bestimmt den Inhalt wesentlich (vgl. dazu Herms, Offenbarung und Glaube, 248f.).

[313] Der Begriff der „Retrospektive" wird auch von Reinhold Bernhardt in seinem Manuskript *Offenbarung als Erschließungsgeschehen* verwendet.

[314] Vgl. Herms, Offenbarung und Glaube, 281f. Bernhardt spricht in seinem Vortrag „Offenbarung als Erschließungsgeschehen" von „kreativem Erinnern".

Es stellt sich nun die Frage, was das passiv erlebte Offenbarungsgeschehen *vor* der Erfahrung zum Grund und Gegenstand aller menschlicher Aktivitäten macht, bzw. warum der Offenbarungsinhalt nicht aus der Erfahrung abgeleitet werden kann. Um diese Frage beantworten zu können, muß der Begriff der Erfahrung näher erläutert werden.

2. Erfahrung

Erfahrung und Offenbarung[315] schließen sich nicht aus, da sich beide Begriffe auf „das Ganze der durch endliche Subjekte bestimmbaren Wirklichkeit"[316] beziehen. Auch der Begriff der Erfahrung beansprucht nicht nur erkenntnistheoretische, sondern, ebenfalls wie der Offenbarungsbegriff, ontologische Gültigkeit.[317] Dennoch dürfen sie nicht als identisch angesehen werden. Erfahrung resultiert aus Offenbarung. Offenbarung hingegen konstituiert Erfahrung bzw. trifft auf diese und richtet sie nach ihr aus. Erfahrung wird vom Menschen gemacht und kann von diesem aufgrund von nachvollziehbaren Gründen bestehender Zusammenhänge bzw. Kausalitäten erschlossen werden. Offenbarung hingegen trifft den Menschen und kommt von außerhalb seiner Möglichkeiten des Erschließens.

In der Erwartung zukünftiger Erfahrung wird der Mensch durch die Erinnerung an die Offenbarung geprägt. Offenbarung in dieser Hinsicht, gibt der Erfahrung somit einen gewissen Inhalt vor. Es gibt keine kontinuierliche Erfahrung, die ohne einen ersten konstitutiven Moment auskommt, der dem Menschen passiv vorgeben ist. Erfahrung ist folglich auf Offenbarung als diesen konstituierenden Moment angewiesen sein. Offenbarung darf aber nicht als *a priori* verstanden werden. Sie fließt zwar von außerhalb in ein Erfahrungsgeschehen ein und richtet dieses neu aus, so daß ein konstituierender Moment vor-

---

[315] Um diesen Vergleich vornehmen zu können wird mit Herms die Kompatibilität des Offenbarungs- und Erfahrungsbegriffs vorausgesetzt (vgl. dazu ebd., 248ff.).
[316] Ebd., 255.
[317] Vgl. dazu ebd., 254ff.

liegt. Jedoch kann nicht von der vorangegangenen Erfahrung abgesehen werden, ansonsten würde das eingeflossene Neue nicht als etwas Neues gegenüber einem bereits „Alten" (= bereits gemachter Erfahrung) erkannt. Erfahrung kann nur als Erfahrung bezeichnet werden, wenn es etwas gibt auf das hin zurückreflektiert werden kann. Ein bestimmtes Geschehen wird als Erfahrung bezeichnet, wenn der Mensch eine sich wiederholende Struktur erkennt. Das „Strukturmuster" muß durch einen ursprünglichen Vorgang vorgegeben, d.h. konstituiert sein. Jeder Erfahrung liegt ein konstitutiver Moment als „Urerfahrung" zugrunde. Es ist folglich unmöglich von *der, a priori* gegebenen „Urerfahrung" im Sinne einer „transzendentalen Christologie" zu sprechen. Als Folge kann Offenbarung zwar nicht als etwas *a priori* Gegebenes verstanden werden, ihren konstituierender Charakter hingegen muß der Mensch weiterhin anerkennen, nicht zuletzt deswegen, weil ein weiterer Aspekt bezüglich eines konstitutiven Grundes für Erfahrung notwendig ist.

Es kann zur Konstitution von Erfahrung nur im Medium von Selbstbewußtsein kommen, weil das Selbstbewußtsein der Grund ist, durch den auf bestimmte Geschehnisse zurückreflektiert werden kann. Das Selbst muß sich seiner selbst als Subjekt der Erfahrung bewußt sein, so daß die Erfahrung auch immer seine Erfahrung ist. Erfahrung und Selbstbewußtsein treten in einen untrennbaren Zusammenhang. Dabei kann das Selbstbewußtsein nicht als Resultat von Reflexionsakten in Betracht kommen, weil diese Reflexionsakte selbst etwas *a priori* Gegebenes benötigen, das die Grundlage der Bedingung der Möglichkeit von Reflexion überhaupt darstellt.[318] Das menschliche Selbst benötigt einen transzendenten Grund seiner Konstitution. Der Mensch kann sein Selbst, ebensowenig wie sein Dasein als ein Erfahren seines kontingentes Seins in raumzeitlicher Bedingtheit, nicht wiederum aus raumzeitlicher Bedingtheit heraus ableiten bzw. erklären. Erfahrung kann gemacht werden, weil sie ein Bewußtsein voraussetzt, das diese Erfahrung die je eigene eines bestimmten menschlichen Selbst sein läßt, das als Bedingung der Möglichkeit von Erfahrung überhaupt schon *vor* jeglicher Erfahrung angenommen werden muß. Folglich

---

[318] Vgl. dazu ebd., 259. Ansonsten käme es zu einem zu vermeidenden Zirkelschluß.

bestimmt eine solche „Selbst-Erfahrung", als Konstitutionsgrund, auch das Handeln. Herms schreibt:

> „Erfahrung muß in der Tat ‚gemacht' werden. Aber sie kann nur gemacht werden, weil sie erlebt wird; also weil uns die Möglichkeitsbedingungen dieses ‚Machens' schlechthin passiv erschlossen sind; und gerade deshalb auch gewiß. Das Selbsterleben leibhafter Personen ist der Grund der Möglichkeit, aber auch Unvermeidlichkeit ihres Handelns; nicht nur des Wollens, sondern ebenso der Folgeträchtigkeit und ggf. Zielsicherheit ihrer Entscheidungen."[319]

Das Erleben von Erfahrung ist somit in zweifacher Hinsicht durch eine gewisse Passivität bestimmt. Zum einen wird Erfahrung durch Offenbarung als eine bestimmte „Urerfahrung" geprägt (u.a. durch die bestehenden natürlichen und sozialen Gesetze)[320], so daß diesbezüglich eine enge Verbindung zwischen beiden Begriffen besteht. Zum anderen muß aber selbst diese „Urerfahrung" dem Menschen als *sein* Erleben bewußt sein. Sie kann damit nicht der konstitutive Urgrund des Erlebens von Erfahrung sein, aus dem letztendlich das menschliche Selbst seine Reflexivität erlangt.[321] Diese Reflexivität des Selbst entstammt dem Bereich der Transzendenz und ist als menschliches

---

[319] Ebd., 260.
[320] Vgl. ebd., 277. Dabei sind insbesondere die sozialen Gesetze Sätze einer bestimmten Deutungsgemeinschaft. Sie beruhen auf einer Deutung von Erfahrung, die entweder selbst auf Offenbarung beruht, oder die selbst in einer bestimmten Deutungstradition steht. In beiden Fällen können die sozialen Gesetze nicht der konstitutive Urgrund von Erfahrung selbst sein.
[321] Die Naturwissenschaften behaupten von sich, empirische Wissenschaften zu sein. Dementsprechend kann sich der Mensch die Erfahrung, die er aus wissenschaftlichen Experimenten, insbesondere physikalischen, gewinnt, nicht aktiv vornehmen, ansonsten wären diese Erfahrungen keine Erfahrungen im wirklichen Sinn mehr. Die Naturwissenschaften wären keine empirischen Wissenschaften, und der diesen wissenschaftlichen Experimenten (=Erfahrungen) inhärente Erfahrungsgewinn wäre kein aposteriorischer, sondern apriorisch, was wissenschaftliche Erfahrung (und somit die Wissenschaften selbst) zu einem schon immer vorhandenem Wissen machen würde.

Selbstbewußtsein auch Bedingung der Möglichkeit von eben angesprochenen „Urerfahrungen".

Von Erfahrung bzw. dem Erfahrungsgeschehen kann, genau wie bei dem Verständnis von Offenbarung als „Urerfahrung", ausschließlich in der Retrospektive gesprochen werden,[322] wobei dieses weitere Erfahrungsgeschehen und der dazugehörige Erfahrungsinhalt durch die Sichtweise der Kausalität bestimmt sind. Von Kausalität kann aber nicht im Sinn von logischer Notwendigkeit gesprochen werden, die *a priori* schon immer vorliegt.[323] Kausalität bedeutet vielmehr das zuverlässige gleichartige Erleben, das nur das Erleben eines Selbst sein kann. Genau wie die Kontinuität von Erfahrungen basiert die Kausalität von Erleben auf der menschlichen Selbstgewißheit, die damit den Grund von Erfahrung darstellt, nicht die Ursache.[324] Sie gewährleistet, daß der Mensch in jedem Augenblick des Erlebens um sein Selbst weiß, und es so zu *seinem* Erleben und seiner Erfahrung wird. Die menschliche Selbstgewißheit greift dabei in die Vergangenheit zurück und erkennt darin das Selbst des Menschen als Subjekt des Erlebens, was das Erleben selbst ein reflexives Geschehen sein läßt. Es wird durch ein solches Erleben auch die Erwartung geprägt, die auf die Kontinuität von Erfahrung bzw. Kausalität von bereits Erlebten (also

---

[322] Herms, Offenbarung und Glaube, 260f. spricht von Erfahrung als „*erinnerte Praxis*" (Hervorhebung M.F.).

[323] Zur Unterscheidung der Begriffe „a priori" und „notwendig" siehe Saul A. Kripke (Name und Notwendigkeit, übers. von Hermann Vetter, Hamburg 1976). Kripke (ebd., 44), schreibt: „In gegenwärtigen Diskussionen unterscheiden sehr wenige Leute, wenn überhaupt welche, zwischen dem Begriff, daß eine Aussage *a priori* ist, und dem Begriff, daß sie notwendig ist. Auf jeden Fall werde ich die Termini ‚a priori' und ‚notwendig' hier *nicht* austauschbar verwenden." Der Begriff der „Apriorizität" gehört für ihn in die Erkenntnistheorie, der Begriff der „Notwendigkeit" hingegen in die Metaphysik bzw. Ontologie. In dieser Arbeit wird auch von einer solchen Trennung ausgegangen, nur daß dabei der Begriff der „Apriorizität" ein ontologischer ist, da er die Bedingung der Möglichkeit der menschlichen Selbstreflexion bezeichnet, die in der transzendenten Sphäre anzuordnen ist. Der Begriff der „Notwendigkeit" dagegen, bezeichnet die gewährte Regelmäßigkeit des menschlichen „Selbst-Erlebens" und ist somit mehr im Bereich der Erkenntnistheorie anzusiedeln.

[324] Zwischen Grund und Ursache besteht der Unterschied, daß eine Ursache eine logische Notwendigkeit nach sich zieht und damit aus dieser abgeleitet werden kann. Ursachen selbst jedoch besitzen einen nicht weiter hintergehbaren Grund, ansonsten würde es zu einem *regressus in infinitum* kommen.

in der Retrospektive) aufbaut. Formal gesehen ist das menschliche Erleben von Erfahrung „die (relationale) Einheit unserer Erinnerung und unserer Erwartung."³²⁵

Die Gesetze der Natur bzw. soziale Gesetze, als Bestandteile der Erinnerung und Erwartung, sind nicht etwas, das dem menschlichen Selbst äußerlich gegenübersteht, sondern sie werden von ihm durch die Regelmäßigkeit des „Selbst-Erlebens" eingeschlossen.³²⁶ Die mit diesem „Selbst-Erleben" zusammenhängende Selbstgewißheit des Menschen kann somit nicht aus den Gesetzen selbst resultieren, sondern sind deren konstituierende Voraussetzung. Herms schreibt:

> „Die Regelmäßigkeit [...] betrifft primär und ursprünglich nicht das Geschehen in der Gegenwart [d.h. die aktual wirkenden Natur- bzw. sozialen Gesetze] der handelnden Subjekte, sondern das Geschehen *dieser Gegenwart selbst*. Sie manifestiert sich primär und ursprünglich als die Zuverlässigkeit, in der allen Personen ihr handelndes Dasein im Medium ihres Selbsterlebens präsent ist; also primär als diejenige Zuverlässigkeit des Selbsterlebens, die allein unserer Erinnerung erwartungsprägende Kraft und unserer Selbstgewißheit die Form eines unbezweifelbaren Wahrheitsbewußtsein gibt. Erst aufgrund dessen, also sekundär und implizit, ist sie dann auch die zuverlässige Geregeltheit allen Geschehens *in* unserer Gegenwart. Weil unsere Gegenwart leibhaft bestimmt ist, kann es keine Regelmäßigkeit des *Geschehens dieser Gegenwart*

---

[325] Ebd., 278.

[326] Es muß hier zweierlei unterschieden werden. Zum einen das jeweils eigene Selbst, das die Kausalität aufgrund der Regelmäßigkeit des „Selbst-Erlebens" erkennt, zum anderen das außenstehende Selbst z.B. des/der Geschichtswissenschaftlers/-schaftlerin, das diese Kausalität nicht unmittelbar aufgrund eigener Involviertheit erkennt. Trotzdem nimmt das Selbst des/der Wissenschaftlers/-erin die Regelmäßigkeit des eigenen „Selbst-Erlebens" als Grundlage, d.h. diese „subjektive" Regelmäßigkeit (und die daraus resultierende Kausalität) ist die Bedingung der Möglichkeit, überhaupt von „objektiver" Regelmäßigkeit und Kausalität sprechen zu können. Dabei kann jedoch nicht von *der* Objektivität an sich gesprochen werden, da diese immer durch das je eigene „Selbst-Erleben" in den je eigenen raumzeitlich bedingten Erfahrungen vorgeprägt ist.

selber geben, ohne daß darin nicht auch die Regelmäßigkeit des leibhaften *Geschehens in dieser Gegenwart* eingeschlossen ist. Aber diese Regelmäßigkeit ist für uns handelnde Wesen eben nur da [...] im Medium der Regelmäßigkeit unseres Selbsterlebens."[327]

Die Erfahrung, sowohl in ihrem Geschehen als auch in ihrem Inhalt, der von Offenbarung als „Urerfahrung" geprägt ist, basiert niemals auf *a priori* (und somit dem Menschen von der Natur oder der Gesellschaft) vorgegebener Notwendigkeit, sondern auf der zuverlässigen Regelmäßigkeit des „Selbst-Erlebens", als Bedingung der Möglichkeit, überhaupt von Kausalität als notwendig logischer Verknüpfung, d.h. von (auf „Urerfahrung" basierender) Erfahrung, sprechen zu können. Durch die durchgehende Geregeltheit des Erfahrungsgeschehens können alle einzelnen Ereignisse als Ursachen und Folgen miteinander verbunden werden.[328] Diese Regelmäßigkeit ist aber eine passiv durch die Selbstgewißheit gewährleistete.

Erfahrung und das Erleben von Erfahrung ist nicht etwas das ohne raumzeitliche Vermittlung auf den Menschen trifft. Erfahrung ist deswegen auch immer Erfahrungsgeschehen, das eine gewisse Zeitdauer einschließt. Diese Zeitdauer beginnt mit der Vergangenheit als Erinnerung an eine bereits gemachte Erfahrung und projiziert diese Erfahrung in das aktuale Geschehen, von dem der Mensch, aufgrund der gerade erwähnten Regelmäßigkeit in den Naturgesetzen und sozialen Gesetzen, eine bestimmte Erwartung hat. Erfahrung ist in dieser Hinsicht ebenso „erwartungsprägende Erinnerung" wie Offenbarung, nur mit dem Unterschied, daß Erfahrung durch die Regelmäßigkeit des Erfahrungsgeschehens (und aufgrund bereits ergangener „Urerfahrung") im menschlichen Selbst durch dieses selbst aktiv handelnd herbeigeführt werden kann. Sie kann dann aktiv vom Menschen herbeigeführt werden, wenn sie keinen Erfahrungsgewinn darstellt, der in diesem Verständnis von Offenbarung nur durch eine „Urerfahrung" gewährleistet ist. Dabei kann in ein Erfahrungsgeschehen eine erneute

---

[327] Herms, Offenbarung und Glaube, 261.
[328] Vgl. ebd.

„Urerfahrung" eindringen, die dieser dem Menschen bekannten Erfahrung etwas Neues, bisher noch nicht Erfahrenes hinzufügt.

Offenbarung als „Urerfahrung" ist die Bedingung der Möglichkeit von Erfahrung überhaupt. Erfahrung setzt somit Offenbarung voraus. Etwas *muß* zuerst offenbart werden, bevor es erfahren werden kann. Offenbarungsgeschehen ist folglich ein erstmaliges (und damit konstituierendes) Erfahrungsgeschehen, eben eine bestimmte „Urerfahrung". Es gründet zwar in den bisher gemachten aposteriorischen raumzeitlichen Erfahrungen des Menschen, sprengt aber den ausschließlich empiristischen Bezug zu dieser Erfahrung. Mitten in die Erfahrung bricht ein überempirischer Mehrwert, der auf einer Transzendenzdimension gründet. Dieser Transzendenzdimension bedarf es auch bei der Selbstgewißheit des Menschen, um Erfahrung (auch in seiner Regelmäßigkeit) als je eigene zu erleben. Das menschliche Selbst benötigt einen transzendenten Grund seiner Konstitution, wenngleich es sich dieses Grundes noch nicht unbedingt auf der Gottgewißheit basierend bewußt sein muß. Der Mensch kann lediglich um die transzendente Grundlage seiner Konstitution wissen und sich folglich bewußt sein, daß er diese Grundlage nicht aus seiner raumzeitlichen Bedingtheit ableiten kann.

Erfahrung muß als Folge zunächst mit Offenbarung im allgemeinen Sinn in Verbindung stehen. Sie beinhaltet ein, mit den Worten Rahners, „subjekthafte(s), unthematische(s) und in jedwedem geistigen Erkenntnisakt mitgegebene(s), notwendige(s) und unaufgebbare(s) Mitbewußtsein des erkennenden Subjekts".[329] Offenbarung in diesem Sinn ist eine Erfahrung der Transzendenz, sowohl bezüglich der Konstitution von Selbstgewißheit als auch von Erfahrung. Unter diesem Aspekt kann Erfahrung durchaus als Geisterfahrung im Rahner'schen Sinn bezeichnet werden, weil damit die Notwendigkeit der Transzendenz für die Konstitution des menschlichen Selbst ausgedrückt wird, ohne jedoch diese Konstitution ausschließlich in Jesus Christus zu verankern. Die Erfahrung der Transzendenz kann folglich als grundsätzliche (im Sinn von prinzipieller Bedingung der Möglichkeit) Offenheit für die göttliche Wahrheit und Wirklichkeit gesehen

---

[329] Rahner, Grundkurs, 31.

werden, wenn damit ausgedrückt werden soll, daß Erfahrung nur aufgrund einer transzendenten Grundlage gemacht werden kann, ohne diese *a priori* mit dem Christusgott gleichzusetzen.

Anders als bei Rahner besteht die Offenheit auf die Wahrheit und Wirklichkeit Gottes dabei jedoch nicht in einem Hinausgreifen in das absolute Sein, durch das sich das menschliche Selbst als auf Gott bezogen erfährt, sondern durch das in der Transzendenz Gottes verankerte „Selbst-Erleben", das eine „relationale Einheit unserer Erinnerung und unserer Erwartung darstellt"[330]. Der Mensch kann nicht durch seine Zukunft bzw. seine zukünftigen Handlungen und Erfahrungen schon von vornherein auf ein bestimmtes Wesen geprägt sein, sollen zukünftige Handlungen im wahrsten Sinne des Wortes *zukünftig* bleiben. Es ist zwar richtig, daß jeder Mensch eine bestimmte Erwartung (als etwas Zukünftiges) hegt, wobei diese Erwartung jedoch von bereits gemachten Erfahrung abhängen muß. Die Notwendigkeit der Transzendenz, als Bedingung der Möglichkeit von „Selbst-Erleben" überhaupt, liegt zwar allen Erfahrungen und „Urerfahrungen" zugrunde, was auch einen Zukunftsaspekt (als zukünftiges „Selbst-Erleben") mit einschließt, der Inhalt dieses „Selbst-Erlebens" ist jedoch (auch für zukünftiges Geschehen) nur retrospektiv zu erschließen.

Die Notwendigkeit der Transzendenz kann nur richtig erfaßt werden, wenn sie als *wirkliche* Transzendenz aufgefaßt wird. Folglich bleibt eine solche Transzendenz außerhalb jeglichen menschlichen Erschließens und jeglicher (vom Menschen angenommener) Apriorizität. Transzendenz kann nicht etwas sein, das im Sinne von transzendental ein *vor* allem Liegendes ist, das letztendlich in die raumzeitliche Bedingtheit des Menschen fällt. Vielmehr kann Transzendenz ausschließlich über Erfahrung und Offenbarung (als „Urerfahrung") als Bedingung der Möglichkeit von „Selbst-Erleben" in die raumzeitliche Bedingtheit des Menschen hinein wirken, wobei die Inhalte dieses „Selbst-Erlebens" immer einen retrospektiven Aspekt bezüglich deren Erschließung durch den Menschen mit sich führen. An einen bestimmten Inhalt der Transzendenz selbst, die das menschliche

---

[330] Vgl. Herms, Offenbarung und Glaube, 278.

„Selbst-Erleben" konstituiert, kann folglich vom Menschen „nur" geglaubt werden. Glaube ist demnach die Bedingung der Möglichkeit von „Selbst-Erleben" und, folglich, von Offenbarung und Erfahrung.

Rahner betont zwar die Notwendigkeit des Glaubens an den historischen Jesus als den Christus, jedoch ist dieser Glaube mit der zum menschlichen Wesen gehörenden „Idee Christi" dem Menschen schon *a priori* inhärent, wodurch es zu der erwähnten Überbetonung des transzendentalen vor dem geschichtlich, kategorialen Aspekt in seiner Christologie kommt. So sehr die von Rahner herausgearbeitete Wichtigkeit der Verbindung von Glaube, religiöser Offenbarung und der Erkenntnis des Zusammenhangs von Sein-Sollen-Selbst zu loben ist, ist die Verabsolutierung der christlichen Offenbarung zu kritisieren, die die Transzendenz der göttlichen Wahrheit und Wirklichkeit und die raumzeitlich gemachte Erfahrung des Menschen letztendlich nicht in ausreichendem Maße Ernst nimmt. Die Offenbarung in Jesus Christus ist bei Rahner als die alle anderen Offenbarungen begründende zu sehen, da in ihr Gottgewißheit und Selbstgewißheit als Zusammenhang von Sein-Sollen-Selbst *a priori* vorliegt. Religiöse, in unserem Fall, christliche Offenbarung, ist jedoch eine spezielle Form von allgemeiner Offenbarung, die keinen Absolutheitsanspruch von sich behaupten darf.[331]

3. Religiöse Offenbarung

a) Religiöse Offenbarung allgemein

Wollen wir zu Beginn dieses Abschnitts zunächst den Begriff „Religion" etwas genauer festlegen. Nach Herms ist „Religion [...] das Innewerden und der Umgang des Menschen mit der Tatsache, daß seine Macht, etwas in der Welt zu bewirken, nur existiert als eine ihm ge-

---

[331] Vgl. ebd., 170.

währte, von ihm völlig passiv empfangene begrenzte Anteilhabe an der uns schlechthin überlegenen Ursprungsmacht."[332] Demzufolge muß zwischen religiöser und allgemeinener Offenbarung unterschieden werden. Religiöse Offenbarung besitzt eine fundamentalere Wirkung, da in ihr das eigene Selbst als in einer umfassenderen Macht konstituiert erfahren wird. Der Mensch erfaßt seine Selbstbewußtheit nicht nur aufgrund seines „Selbst-Erlebens" in der Erfahrung, sondern sieht zusätzlich sein Selbst als durch eine Ursprungsmacht in jeglicher Erfahrung schon immer konstituiert. Er erfährt sich folglich nicht nur als er Selbst in jeder Erfahrung und „Urerfahrung", sondern gleichzeitig eine dieses „Selbst-Erleben" kontinuierlich bestimmende Ursprungsmacht. Durch eine religiöse Offenbarung wir der Mensch in einer bestimmten Art und Weise geprägt, indem er die religiöse Offenbarung in seinen weiteren Erfahrungen immer wiederfindet und so verschiedene, aufeinanderfolgende Offenbarungsgeschehen dem Leben einen „roten Faden" vermitteln.

Diese Ursprungsmacht erhält insbesondere in der christlichen Offenbarung personale Züge, so daß der Urheber der Offenbarung mit deren Inhalt gleichgesetzt wird. Religiöse, insbesondere christliche, Offenbarung ist folglich eine besondere Klasse von allgemeinem Offenbarungsgeschehen.[333] In einer solchen religiösen Offenbarung erkennt das menschliche Selbst die Konstitution seines Selbstbewußtseins als mit dem Urheber und Inhalt des Offenbarungsgeschehens identisch. Das menschliche Selbst wird sich des „Gegebenseins [seines] Erlebens durch die absolute Kreativität der Macht des Ursprungs (und damit der *Notwendigkeit* [seines] Handelns unter bestimmten Bedingungen) inne."[334] *Nur* durch diese Offenbarung weiß der Mensch um sein Selbstbewußtsein bzw. sein „Selbst-Erleben" im Sinne von Selbstgewißheit, die er als durch die Gottgewißheit konstituiert im Offenbarungsgeschehen zum erstenmal bewußt und thematisch erfährt.

---

[332] Ebd., 180.
[333] Bei einem allgemeinen Offenbarungsgeschehen ist es oftmals nicht möglich (besonders bei solchen, die die „Urerfahrung" in Naturgeschehen darstellen) den Urheber positiv zu benennen ist; vgl. dazu die von Herms (ebd., 176f.282) angeführten Beispiele von Offenbarungsgeschehen.
[334] Ebd., 285.

Wie im allgemeinen Offenbarungsgeschehen muß auch im religiösen die raumzeitliche Vermittlung in den Blick genommen werden. Religiöse Offenbarung ist ebenfalls ein Erschließungsvorgang, dem der Mensch sich ausschließlich in der Retrospektive bewußt sein kann. Diese raumzeitliche, retrospektive Vermittlung von religiöser Offenbarung wird von Niebuhr in seinem Buch *The Meaning of Revelation* besonders deutlich hervorgehoben.[335] Er unterscheidet zwischen der „external history" und der „internal history", wobei sich jene mit dem „objektiven" geschichtlichen Geschehen, basierend auf Wissenschaft und Logik (und die von daher nicht aus der raumzeitlichen Begründungsebene heraustritt), diese mit dem in bestimmte Ereignisse involviertem Selbst des Menschen befaßt, das untrennbar mit transzendenten Aspekten in Verbindung stehend gesehen werden muß.[336] Zur Verdeutlichung des Unterschieds soll an dieser Stelle ein von Niebuhr selbst verwendetes Beispiel angeführt werden:

> „Of a man who has been blind and who has come to see, two histories can be written. A scientific case history will describe what happened to his optic nerve or to the crystalline lens, what technique the surgeon used or by what medicines a physican wrought the cure, through what stages of recovery the patient passed. An autobiography, on the other hand, may barely mention these things but it will tell what happened to a self that had lived in darkness and now saw again trees and the sunrise, children's faces and the eyes of a friend."[337]

Der Begriff der religiösen Offenbarung gehört zur „internal history", weil es bei ihm um das je eigene in bestimmte Ereignisse involvierte Selbst handelt, das sich selbst (als „Selbst-Erleben") in diesen Ereignissen miterlebt. Aber genau wie die „external history" unterliegt die „internal history" raumzeitlicher Bedingtheit, wenngleich dabei auch

---

[335] Niebuhr vertritt nicht wie Herms einen universalen Begriff von Offenbarung, sondern beschränkt diesen auf den Grund christlichen Glaubens.
[336] Vgl. Niebuhr, Revelation, 55ff.59ff.60.62ff.76.84f.103.143.
[337] Ebd., 59f.

ein unterschiedliches Verständnis von Zeit zugrunde liegt, das jedoch in jedem Fall durch die Leibhaftigkeit des Menschen (und damit durch den Raum) bestimmt ist.[338]

Dementsprechend ist auch hier der retrospektive Aspekt zu beachten. „A history", schreibt Niebuhr, „that was recorded forwards, as it were, must be read backwards through history if it is to be understood as revelation."[339] Religiöses Offenbarungsgeschehen ist auf eine bestimmte raumzeitlich bedingte Geschichte ausgelegt, die in einer bestimmten Tradition steht. In dieser Tradition können jedoch Erinnerungen an bereits ergangene Offenbarungen vorliegen, die mit dieser bestimmten Tradition untrennbar verwoben und damit exklusiv sind. Ein aktuales Offenbarungsgeschehen kann folglich, da es ein retrospektives Erschließungsgeschehen darstellt, ein bereits in der Tradition stattgefundenes Offenbarungsgeschehen in sich schließen, was dieses aktuale Offenbarungsgeschehen noch stärker an die zugrundeliegende Tradition bindet. Folglich ist es auch in bezug auf eine religiöse

---

[338] Niebuhr, ebd., 68ff. bringt mit der „external history" das physikalische Zeitverständnis in Verbindung, das sich linear fortsetzt (d.h. es handelt sich um eine Abfolge von Zeitpunkten) und zusammen mit dem Raum die raumzeitliche Dimension bzw. Bedingtheit menschlicher Existenz ausmacht. Die „internal history" unterliegt der Zeit nicht in diesem linearen Verständnis, sondern in ihr spielt die Zeitdauer von Erinnerung (nicht die mit der Uhr meßbare physikalische Zeit) die ausschlaggebende Rolle, d.h. diejenige Dauer eines Geschehens, die den Menschen in seinem Handeln in seiner linear-zeitlich (da endlichen) bedingten Existenz durch seine Erinnerung daran beeinflußt. Die Dauer ist folglich eine Art Tiefenaspekt des physikalischen Zeitverständnisses. Herms unterscheidet dabei nochmals das „Daß" und das „Was und Wie" des Dauerns. Das „Daß" bezeichnet das Faktum des Dauerns, hingegen das „Wie und Was" die Weise. Angewendet auf die Erinnerung bedeutet das, daß der Grund (nicht die Ursache!) für eine Erfahrung (=Offenbarung) in der Erinnerung faktisch andauert, wobei diese Erinnerung in je, auf das aktuale Geschehen in seiner raumzeitlichen Bedingtheit, angepaßter Perspektivität gesehen wird (vgl. dazu Herms, Offenbarung und Glaube, 294ff.). Darüber hinaus spricht auch Herms von zwei Zeitmodi, wobei zum einen Zeit als immerwährende Gegenwart gesehen wird, die mit der Regelmäßigkeit des „Selbst-Erlebens" in Verbindung steht und folglich dem Begriff der Offenbarung zugeordnet werden muß. Zum anderen spricht er von der Zeit im linear-physikalischen Zeitverständnis, die sich in die Abfolge von Vergangenheit, Gegenwart und Zukunft aufspaltet. Zeit im Verständnis von immerwährender Gegenwart ist folglich der Konstitutionsgrund von Zeit in linearem Verständnis als Konstitutionsresultat (vgl. dazu Herms, ebd., 263f.).

[339] Niebuhr, Revelation, 50.

Offenbarung unmöglich zu behaupten, sie erschließe die absolute Wahrheit und Wirklichkeit.

b) Christliche Offenbarung

Auf die christliche Tradition bezogen, stellt sich die Frage, was das für die in Jesus Christus ergangene Offenbarung der göttlichen Wahrheit und Wirklichkeit heißt? Ist sie die Uroffenbarung Gottes, auf die alles weitere Offenbarungsgeschehen aufbaut?

Zunächst einmal muß auch hier zwischen verschiedenen Offenbarungsgeschehen unterschieden werden, die letztendlich zur Christusoffenbarung führen. Das Offenbarungsgeschehen, das die Regelmäßigkeit der Geltung der Naturgesetze konstituiert, besteht, wie erwähnt, in der gewährleisteten Regelmäßigkeit des „Selbst-Erlebens" und macht Erfahrung als solche überhaupt erst möglich. Es wird damit jedoch nicht behauptet, daß die gewährleistete Regelmäßigkeit einer logischen Notwendigkeit unterliegt, die neben der Ursprungsmacht, d.h. Gott dem Schöpfer, ein zweites ontologisches Urprinzip in Form bestimmter metaphysischer Notwendigkeiten vorliegt.[340] Es handelt sich um eine *gewährleistete* Regelmäßigkeit, die, ebenso wie das Subjekt dieser Regelmäßigkeit, nämlich das menschliche Selbst, das diese erlebt, durch etwas außerhalb des menschlichen Selbst liegendes konstituiert ist. Diese konstituierende Macht weist auf die Transzendenz göttlicher Wahrheit und Wirklichkeit hin und steht mit ihr in untrennbarer Verbindung. Der Mensch findet im Glauben an diese transzendente Macht vom Selbstbewußtsein (im regelmäßigen „Selbst-Erleben") zur Selbstgewißheit (als Erkennen des Zusammenhangs von Sein-Sollen-Selbst).

---

[340] Von dieser Behauptung geht beispielsweise die von Cobb und Griffin entwickelte Prozeßtheologie aus, die auf der Prozeßphilosophie von Hartshorne und Whitehead basiert (Vgl. dazu Cobb, J.B. Jr./ Griffin, D.R., Prozeßtheologie. Eine einführende Darstellung (Theologie der Ökumene, Bd. 17), Göttingen 1979.

Die gewährleistete Regelmäßigkeit liegt auch der Offenbarung in Jesus Christus zugrunde.[341] Zu unterscheiden ist davon das Offenbarungsgeschehen, das soziale Gesetze konstituiert, da diese oftmals auf religiösem Offenbarungsgeschehen basieren, zugleich aber weiteres Offenbarungsgeschehen beeinflussen. Offenbarungsgeschehen, eine bestimmte Kultur und Tradition betreffend, ist oftmals untrennbar mit religiösem Offenbarungsgeschehen verbunden. Demzufolge unterscheidet Herms die religiöse Offenbarung im christlichen Bereich zwischen der von Jesus von Nazareth empfangenen religiösen Offenbarung und religiöser Offenbarung, die das Christentum begründet.[342]

Die von Jesus von Nazareth empfangene religiöse Offenbarung findet in einer konkreten raumzeitlich bedingten Kultur und Tradition statt. Das Offenbarungsgeschehen, das er erlebt, besitzt einen situativen Anlaß.[343] Dieser Anlaß ist ein durch Raum und Zeit bedingtes faktisches Ereignis, nämlich die Bußpredigt und Taufpraxis Johannes des Täufers, deren Inhalt apokalyptische Gedanken vom bevorstehenden Weltgericht und dem Erscheinen des Weltenrichters, der endgültig zwischen Gerechten und Ungerechten scheidet (Mk 1, 2-8; Mt 3, 1-12 Par; Mt 11, 1-19 Par; Mk 6, 14-29 Par; Lk 9, 7-9), mit der alttestamentlichen Prophetie des Deutero-Jesaja, die dazu auffordert, sich auf den zu Gericht und Heil kommenden Gott vorzubereiten, und von der Zeit spricht, in der die „Freudenbotschaft", d.h. das Evangelium, von der angebrochenen Königsherrschaft Gottes erschallen wird (Jes 40, 1-5; 52, 7ff.), verbindet. In der Erfahrung der Bußpredigt und Taufe (und ihres Inhalts) wird Jesus in ein Offenbarungsgeschehen hineingezogen, das ihm einen neuen Inhalt bewußt werden läßt: Die Gegenwart ist das Kommen der Gottesherrschaft (Mk 1, 15; Lk 17, 20f.). Dabei besteht der neue Inhalt nicht in einer Wahrnehmung völlig neuer, d.h. bisher unbekannter Phänomene, sondern der bereits bekannte Inhalt eines bereits ergangenen Offenbarungsgeschehens wird neu gesehen. Die Konstellation der Phänomene ändert sich und legt einen

---

[341] Hierbei soll nicht näher auf die von Jesus vollbrachten Wunder eingegangen werden, die von der Regelmäßigkeit zwar abweichen, diese jedoch nicht aufheben würden (vgl. dazu Herms, Offenbarung und Glaube, 265ff.).
[342] Vgl. ebd., 188ff.
[343] Im Folgenden vgl. ebd., 188ff.

neuen Offenbarungsinhalt frei, der für Jesus von Nazareth den Wirklichkeitsbezug begründet, in dem er sein Leben führt.

Folglich kann auch bei der von Jesus von Nazareth empfangenen religiösen Offenbarung nicht von *der* Offenbarung der göttlichen (und damit absoluten) Wahrheit und Wirklichkeit gesprochen werden. Dennoch bildet sie die Grundlage für die religiösen Offenbarungen, die das Christentum begründen. Dabei wirkt sich das an Jesus von Nazareth als Empfänger vollziehende Offenbarungsgeschehen auf die Person selbst aus, indem der Empfänger sowohl mit dem Inhalt als auch mit dem Urheber als identisch angesehen wird. Herms schreibt, daß der Bericht über die Taufe (Mk 1, 9-11 Par) die Betonung auf die Gottessohnschaft des Offenbarungsempfängers und nicht auf die von Jesus verkündete schon gegenwärtige Offenheit des Himmels legt.[344] Jesus von Nazareth wird zu Jesus Christus, dem Sohn Gottes. Nachfolgende Offenbarungsgeschehen sind von der Person Jesus Christus nicht mehr zu trennen. Die von Jesus von Nazareth empfangene religiöse Offenbarung wird zur göttlichen Offenbarung in Jesu Christi, die die eben angesprochene Grundlage für die weiteren Offenbarungsgeschehen innerhalb der christlichen Gemeinschaft, die folglich eine bestimmte Deutetradition darstellt, bildet. „Whatever it was that the church meant to say," schreibt Niebuhr, „whatever was revealed or manifested to it could be indicated only in connection with an historical person and events in the life of his community."[345]

Die *christliche* Gemeinschaft als Deutetradition hat als ihre konstituierende Grundlage den Glauben an Jesus als den Christus: „Christian evangelism in general, as indicated by the preservation of its material in the Synoptic gospels, began directly with Jesus and told in more or less narrative fashion about those things, those are most surely *believed* among us [Hervorhebung M.F.]."[346] Für uns muß die göttliche Wahrheit und Wirklichkeit mit den religiösen Offenbarungen die das Christentum begründen, d.h. mit dem *Glauben* an Jesus als den Christus beginnen. Es ist uns unmöglich mit der von Jesus von Nazareth empfangenen religiösen Offenbarung selbst zu beginnen, um ei-

---

[344] Vgl. ebd., 190.
[345] Niebuhr, Revelation, ebd., 43f.
[346] Ebd., 45.

nen Zugang zur göttlichen Wahrheit und Wirklichkeit zu finden. Ausgangspunkt muß vielmehr das sein, was Menschen, basierend auf dem Glauben, daß die von Jesus von Nazareth empfangene göttliche Offenbarung ihn als Sohn Gottes ausweist, als göttliche Wahrheit und Wirklichkeit geoffenbart wurde. Die von Jesus von Nazareth empfangene religiöse Offenbarung „weicht", wie gerade erwähnt, von der Offenbarung ab, die den Glauben an ihn als Sohn Gottes konstituiert. Kein Inhalt von Offenbarung kann dabei als absolute göttliche Wahrheit und Wirklichkeit angesehen werden, denn der Inhalt ist immer an den situativen Anlaß gebunden, der wiederum raumzeitlich bedingt ist. Als Offenbarungsempfänger muß für *jeden* Menschen gelten:

„From the point of view of historical beings we can speak only about that which is also in our time and which is seen through the medium of our history. We are in history as fish is in the water and what we mean by the revelation of God can be indicated only as we point through the medium in which we live."[347]

Folglich kann nicht von *der* Offenbarung gesprochen werden, denn „the work of revelation has never been completed and that, indeed, in many spheres it has not even been started."[348]

Niebuhr spricht von einer „Progressive Revelation"[349], die eine fortschreitende göttliche Selbstmitteilung bedeutet, die jedoch sowohl an den Empfänger als auch an den situativen Anlaß gekoppelt ist. Dadurch kann es zu keiner Mitteilung *der* göttlichen Wahrheit und Wirklichkeit kommen, da diese in raumzeitlicher Bedingtheit nicht „gehört" werden kann. Göttliche Wahrheit und Wirklichkeit kann nicht exklusiv mit dem historischen Jesus von Nazareth verbunden gesehen werden, so daß seine Geschichte nur aufgeschrieben werden mußte, um die immerwährende absolute göttliche Wahrheit und Wirklichkeit „schwarz auf weiß" vor Augen zu haben. Glaube an die göttliche Offenbarung wäre somit gleichzusetzen mit Glaube an einmalig in der

---

[347] Ebd., 48.
[348] Ebd., 114.
[349] Ebd., 132ff.

Vergangenheit geschehene Ereignisse, nämlich die Geschichte Jesu von Nazareth. Eine solch angenommen Historizität von Jesus *Christus* als der Offenbarung *der* göttlichen Wahrheit und Wirklichkeit spricht gegen den lebendigen, sich stets offenbarenden (weil sich mitteilenden) Gott.

Barth begeht in gewisser Weise diesen Fehler, indem er die Geschichte Jesu absolut setzt. Aber er setzt nicht die Geschichte des historischen Jesus absolut, sondern die von Jesus Christus, Gott Sohn. In diesem Punkt geht er mit Niebuhr konform, der schreibt, daß mit dem Begriff der Offenbarung nicht der historische Jesus gemeint sein kann, sondern Offenbarung vielmehr den sich selbst offenbarenden Gott meint, der sich durch die Geschichte als unser Schöpfer, Richter und Retter selbst mitteilt.[350] Das hat zum einen zur Folge, daß dennoch von dem lebendigen Gott gesprochen werden kann, weil diese Geschichte nicht als vollkommen raumzeitlich bedingt angesehen werden kann. Zum anderen birgt es bei Barth jedoch den Fehler in sich, die Geschichte Jesu Christi, dem durch die „Seinsweise" des Sohnes die göttliche Wahrheit und Wirklichkeit inhärent ist, über *alle* raumzeitlich bedingte Geschichte absolut zu setzten, nicht nur über die im Glauben an diese Geschichte (und somit im *Glauben* an Jesus als den Christus) stehende christliche Lebensgemeinschaft.

Auch in der Heiligen Schrift ist es notwendig, das jeweilige „Selbst-Erleben" von Paulus und den vier Evangelisten in den Blick zu nehmen, das im jeweils spezifischen, sie betreffenden, Offenbarungsgeschehen, das ihnen Jesus als den Christus offenbart (und so den Glauben konstituiert), die entscheidende Rolle spielt. „[W]e must immerse ourselves with Paul in the story of cruxifixion," so Niebuhr, „and read Paul with the aid of the spirit of the church if we would find revelation in the Scriptures."[351]

Wird der retrospektive Aspekt der Offenbarungsgeschehen berücksichtigt, stellt sich die Frage, was das religiöse, in unserem Fall das christliche, Offenbarungsgeschehen vor allen allgemeinen Offenbarungsgeschehen auszeichnet. Zunächst ist festzuhalten, daß es sich bei diesem besonderen Offenbarungsgeschehen um ein Geschehen

---

[350] Vgl. ebd., 151f.
[351] Ebd., 50.

handeln muß, das die von Jesus von Nazareth empfangene religiöse Offenbarung als den Sinn und das Wahrsein seiner Botschaft, die er aufgrund des an ihn stattgefundenen Offenbarungsgeschehen gelebt hat, erschließt.[352] Dieses Erschließen des Sinns und der Wahrheit kann nur im *Glauben* an den Sinn und die Wahrheit stattfinden. Das Osterereignis (als Zeichen der göttlichen Sohnschaft Jesu) als Offenbarungsinhalt (= Christusoffenbarung) ist der Anfang der Christumsgeschichte, auf das sich alles weitere christliche Offenbarungsgeschehen beziehen muß. Durch den Glauben an dieses Ereignis kann wiederum der Glaube sich dem Wahrsein des Inhalts allen darauf folgenden Offenbarungsgeschehens inne werden. Die Christusoffenbarung schafft nicht „erwartungsprägende Erinnerung", vielmehr weiß der Mensch, daß die Erwartung von Wahrheit und Wirklichkeit schon immer durch sie erfüllt ist, d.h. sie schafft „Erinnerung von erfüllter Erwartung".[353]

Ein solches auf den Glauben an das Osterereignis aufbauendes Offenbarungsgeschehen bringt die Selbstgewißheit des Menschen in untrennbare Verbindung mit der Gottgewißheit. Der Mensch weiß um sein „Selbst-Erleben" aufgrund seiner Gottgewißheit. Er bezieht durch diese die Gottgewißheit konstituierende Christusoffenbarung diese selbst stets in sein „Selbst-Erleben" mit ein. Sie umfaßt das „Selbst-Erleben" des Menschen gänzlich.[354] Der Mensch erfährt sein Selbst als in Gott bzw. der Gottebenbildlichkeit gegründet. Dadurch besteht die Einheitlichkeit seines Erlebens nicht nur durch das Bewußtsein eines Selbst, sondern diesem Bewußtsein wird ein einheitlicher Zusammenhang vermittelt. Es erhält einen „roten Faden". Dementsprechend ist bei Niebuhr zu lesen:

> „Revelation means for us that part of our inner history which illuminates the rest of it and which is itself intelligible. Sometimes when we read a difficult book, seeking to follow a complicated argument, we come across a luminous sentence from which we can go forward and

---

[352] Vgl. Herms, Offenbarung und Glaube, 286.
[353] Ebd.
[354] Vgl. dazu Niebuhr, Revelation, ebd., 154.

backward and so attain some understanding of the whole. Revelation is like that. [...] The special occasion to which we appeal in the Christian church is called Jesus Christ, in whom we see the righteousness of God, his power and wisdom. But from that special occasion we also derive the concepts which make possible the elucidation of all events in our history. Revelation means this intelligible event which makes all other events intelligible. Such a revelation, rather than being contrary to reason in our life, is the discovery of rational pattern in it. Revelation means the point at which we can begin to think and act as members of an intelligible and intelligent world of persons."[355]

Die Christusoffenbarung steht, als alle weitere Offenbarungsgeschehen konstituierende, nicht der menschlichen Erfahrung entgegen. Wie gezeigt basiert jegliche Erfahrung auf Offenbarung (im allgemeinen Verständnis). Die Christusoffenbarung als besondere Offenbarung hebt Offenbarung im allgemeinen Sinn nicht auf, vielmehr gibt sie allen Offenbarungen einen sinnvollen Zusammenhang, indem sie die Einheitlichkeit des „Selbst-Erlebens" gewährleistet. In Jesus Christus kann der Mensch eine solche Einheitlichkeit erfahren, indem zum einen die Angewiesenheit des Selbst auf das transzendente Göttliche deutlich wird, zum anderen durch das göttliche Gegenüber der relationale Aspekt deutlich wird, der den Menschen auf seine Beziehung zum Mitmenschen verweist und ein bestimmtes Sollen impliziert. Es handelt sich somit um eine doppelte, konstitutive Gottesbeziehung, deren sich Jesus nach der Heiligen Schrift in einmaliger Weise bewußt wird. Durch seine raumzeitlich bedingte menschliche Existenz (= Sein) erkennt er sein Selbstsein (= Selbst) als auf Gott gerichtet, der es konstituiert, und den aktiven Aspekt dieses Selbstseins (= Sollen) als ein „In-der-Welt-Sein", das auf einem bestimmten Umgang mit den Mitmenschen basiert.[356]

---

[355] Ebd., 93f.; vgl. außerdem ebd., 109.152f.
[356] Dazu ist zum Begriff der hypostatischen Union, die die Sohnschaft Christi in besonderer Weise ausdrückt bei Hünermann, Peter, Hypostase, hypostatische Union, in: LThK, Bd. 5, Freiburg (u.a.) 1996, 372-378, hier 376f. folgendes zu lesen: „Eine heutige Begriffsbildung von Hypostase und hypostatischer Union hat die zeitgenössischen Entwürfe so zu bündeln, daß zugleich

Dieser sinnvolle Zusammenhang, als ein Bewußtsein der Notwendigkeit des Zusammenhangs von Sein-Sollen-Selbst für das wahre (und somit erfüllte) Menschsein, ist zwar als absolut zu bezeichnen, jedoch *ausschließlich* als Absolutheit im Blick auf den/die Offenbarungsempfänger/-in.[357] Für das offenbarungsempfangende menschliche Selbst bedeutet die Absolutheit des Erschließungsgeschehens die Alternativenlosigkeit aufgrund raumzeitlicher Bedingtheit. Das „Selbst-Erleben" der Menschen in den einzelnen Erschließungsgeschehen findet zwar unter denselben raumzeitlichen Bedingungen nicht stets konform statt, aber diese raumzeitlichen Bedingungen sind u.a. eben auch die Bedingungen der Möglichkeiten unter denen ein Erschließungsgeschehen stattfinden kann, wie es z.b. die gewährleistete Regelmäßigkeit des „Selbst-Erlebens" sozialer Gesetze und bestimmter Traditionen ist. Absolutheit im Verhältnis zu anderen Weltanschauungen kann nur im Glauben an die Wahrheit und Wirklichkeit des auf der Christusoffenbarung basierenden „Selbst-Erlebens" behauptet werden. Diese Wahrheit und Wirklichkeit wohnt der Christusoffenbarung aufgrund ihrer „Erinnerung von erfüllter Erwartung" inne.

Es wird aus der Darstellung der religiösen, insbesondere der christlichen, Offenbarung deutlich, daß von ihr als Enthüllung absoluter göttlicher Wahrheit und Wirklichkeit ausschließlich im Glauben gesprochen werden kann. Glaube vermittelt transzendente immerwährende Wahrheit und Wirklichkeit (die der Mensch nicht erkennen, geschweige denn von ihnen sprechen und deren Absolutheit behaupten kann) in die raumzeitlich bedingte Existenz des Menschen, von der er folglich in gewissem Maße auch abhängig ist.

---

die Ergebnisse der Tradition gewahrt bleiben. Voraussetzung der Begriffe von Hypostatse und hypostatischer Union ist die Unterscheidung des Wesens des Menschen – als leibhaftiger Natur, die durch In-der-Welt-Sein und Sein-beim-Anderen charakterisiert ist – und das Selbstsein des Menschen, durch das er als In-sich-Stehender, als er selbst in der Welt und beim anderen ist. Vom Wesen her ist der Mensch bezogen auf Gott als den schlechthin Anderen, vom Selbstsein her auf Gott als den schlechthin in sich selbst gründenden Grund, in dessen Gegenüber und Anerkennung menschliches In-sich-Stehen zum je unbedingteren Selbstsein gegenüber allem wird."

[357] Vgl. dazu Herms, Offenbarung und Glaube, 217.

III. Glaube und göttlich Wahrheit und Wirklichkeit

Glaube[358] ist als der in raumzeitlicher Bedingtheit wurzelnde, durch die Transzendenz von Wahrheit und Wirklichkeit hervorgerufene Grund, überhaupt von Wahrheit und Wirklichkeit sprechen zu können. Nur durch den Glauben ist die oben erwähnte doppelte, konstitutive Gottesbeziehung als eine Beziehung zum Transzendenten möglich.

Glaube wird zwar durch ein Offenbarungsgeschehen hervorgerufen, das jedoch, wie gerade ausführlich erläutert, selbst raumzeitlicher Bedingtheit unterliegt, stellt dann aber die kontinuierliche Grundlage, auf der alles weitere „Selbst-Erleben" erfolgt. Herms schreibt:

„Der christliche Glaube ist sich seiner selbst inne als einer spezifischen „Lebensform"; das heißt: als einer Gestalt der Führung des menschlichen Lebens, die ihr spezifisches Profil erhält durch den Inhalt derjenigen Gewißheit über Ursprung, Verfassung (Natur) und Bestimmung des Daseins, die sie ermöglicht, motiviert und orientiert (verlangt und ausrichtet)."[359]

Glaube stellt eine Art bestimmte Selbstgewißheit dar. Er läßt den Menschen die transzendentale göttliche Absolutheit im „Selbst-Erleben" erfahren. Dadurch ist die „Erscheinung des Besonderen als solchen (und folglich auch seine reflexive Erfassung) (...) immer schon bedingt und geleitet durch die Manifestation des Allgemeinen"[360], d.h. die absolute göttliche Wahrheit und Wirklichkeit ist die

---

[358] Glaube in diesem Zusammenhang steht nicht nur für den Glauben an religiöse Offenbarung, sondern bildet vielmehr die Grundlage jeglicher Erfahrung. So muß z.B. auch in der Wissenschaft an die gewährleistete Regelmäßigkeit des „Selbst-Erlebens" im Sinne von logischer Notwendigkeit geglaubt werden. Folglich bildet Glaube den unhintergehbaren Ausgangspunkt für den Erwerb jeglichen aus Erfahrung resultierenden Wissens (vgl. dazu ebd., 468).

[359] Ebd., 458.

[360] Ebd.

Bedingung der Möglichkeit für Glaube überhaupt. Der Glaube, als Erscheinung des Besonderen, wiederum erkennt von seinem raumzeitlich bedingten Standpunkt aus diese allgemeine Bedingung der Möglichkeit, die die absolute göttliche Wahrheit und Wirklichkeit darstellt, und identifiziert sich mit dieser. Dabei kann diese Identifikation in Form einer Definition in Begriffe gefaßt werden (z.B. dogmatische Formulierungen), aber diese Begriffe verbleiben definitiv „unter den durch [ihren] Gegenstand [= die Identifikation des *Glaubens* mit der absoluten göttlichen Wahrheit und Wirklichkeit] gesetzten partikularen Bedingungen des individuellen Daseins."[361]

Es besteht dadurch die Gefahr, daß der Glaube, obwohl raumzeitlich bedingt, sich dieses Umstandes nicht bewußt ist und universale (also über alle raumzeitlich bedingten Grenzen hinweg) Geltung beansprucht, was bei Barth der Fall ist. Er setzt mit der Trinitätslehre als absoluter Wahrheit und Wirklichkeit an, identifiziert den Glauben an diese Wahrheit und Wirklichkeit vollkommen mit dieser. Der *Glaube an* absolute Wahrheit und Wirklichkeit Gottes wird zur absoluten göttlichen Wahrheit und Wirklichkeit. Glaubenssprache wird zur objektiven Berichtssprache. Rahner begeht einen ähnlichen Fehler, indem er zwar die universale, für das menschliche Leben grundlegende Geltung des Glaubens behauptet, ihn aber gleichzeitig als Glaube an Jesus Christus tituliert und somit auch einen universalen Absolutheitsanspruch des christlichen Glaubens (und folglich des Christentums) folgert.

Trotzdem ist bei Barth bezüglich des Glaubensverständnisses der inhaltliche Aspekt hervorzuheben. Inhaltlich bedeutet dabei, den Offenbarungsinhalt in speziell christlicher Deutetradition zu sehen. Christlicher Glaube ist für den Menschen die absolute Wahrheit und Wirklichkeit Gottes, auf der er sein Leben aufbaut. Nur muß dabei eben beachtet werden, daß der christliche Glaube, als spezieller Glaube, selbst raumzeitlicher Bedingtheit unterliegt. Bezüglich des formalen Aspekts ist das Glaubensverständnis bei Rahner zu beachten, der den Glauben an die absolute Wahrheit und Wirklichkeit eines transzendenten Göttlichen als prinzipielle, d.h. universal gültige, Offenheit

---

[361] Ebd., 459.

des Menschen bezeichnet. Glaube in seiner formalen Bestimmung umgreift das Leben der Menschen grundlegend.

Der Glaube an die Christusoffenbarung verbindet die menschliche Selbstgewißheit im Erleben untrennbar mit Gottesgewißheit und läßt diese der Konstitutionsgrund von jener sein. Der Inhalt der Gottesgewißheit durch den Glauben ist an sich rein negativ,[362] da der Glaube den partikularen Bedingungen menschlichen Daseins unterliegt und folglich auch fehlbar sein kann. Dennoch muß der Glaube sich fortlaufend bemühen, sich nach dieser Gottesgewißheit auszurichten. Dadurch kann es nicht zu einer Identifikation von Selbst- und Gottesgewißheit kommen, durch die der Mensch sowohl sein eigenes Selbst als auch sein Sollen selbst definieren könnte. Glaube, der sich selbst stets unsicher ist, weil er sich nach der niemals vollkommen faßbaren Gottesgewißheit ausrichtet, unterscheidet sich von sich selbst verabsolutierender Selbstgewißheit und weiß um das richtige Bezogensein der Gottes- auf die Selbstgewißheit.[363]

Glaube muß erkennen, daß er die absolute göttliche Wahrheit und Wirklichkeit in Form der Gottesgewißheit ebensowenig er- und begreifen kann, wie der Mensch sein Dasein, das dieser absoluten Wahrheit und Wirklichkeit entspringt, und wie das menschliche Selbst erkennen muß, daß sein konstituierender Grund im transzendentalen Göttlichen, d.h. in der Gottebenbildlichkeit, und nicht in sich selbst liegt. Dementsprechend muß aus diesem Verständnis von Glauben, das untrennbar mit einem bestimmten Verständnis von Sein und Selbst verbunden ist, ein bestimmtes, diesen Zusammenhang widerspiegelndes Sollen resultieren.

---

[362] Vgl. ebd., 473.
[363] Vgl. ebd., 474.

IV. Handeln als Ausdruck von Glaube an Offenbarung

Der Mensch hat durch seine Gottebenbildlichkeit, aus der der Zusammenhang von Sein-Sollen-Selbst resultiert, Anteil am göttlichen Wesen. Dabei kann, wie ausführlich erläutert, weder der Konstitutionsgrund des Seins, im Sinne von Dasein, noch das Selbst des Menschen auf den Menschen selbst zurückgeführt werden. Vielmehr sieht er sich etwas transzendent Konstitutivem gegenüber, dem er sich in seinem wahren Menschsein nicht entziehen kann. Diese Unverfügbarkeit wird ihm in Offenbarungsgeschehen bewußt, ohne damit jedoch den transzendenten Ausgangspunkt „umgreifen" zu können. Nur durch den Glauben an die Göttlichkeit des Ausgangspunktes kann dieser „ergriffen" werden, wobei der Glaube dann auch Glaube an Offenbarung sein muß, damit ein Geschehen überhaupt als religiöses (nicht allgemeines!) Offenbarungsgeschehen bezeichnet werden kann. Dadurch ist es dann möglich, den transzendenten Ausgangspunkt im innertrinitarischen personalen Sein Gottes zu sehen.

Der durch den Glauben an Offenbarung aufgezeigte Zusammenhang von Sein und Selbst führt zu einem bestimmten Ausdruck dieses Zusammenhangs, der für den Menschen im Handeln besteht. Bei Herms ist zu lesen:

> „Und worin zeigt sich diese Anteilhabe des Menschen am göttlichen Wesen? In seinem Handeln. Der Mensch erweist sich als Gottes Ebenbild in seinem Handeln. Im Handeln manifestiert sich das Geheimnis und die Hoheit seiner Person. Handelnd konstituiert er zwar nicht die Wirklichkeit, gibt ihr aber ihre für ihn selbst verbindliche Gestalt. Handelnd bewirkt er Werke, in denen er sein schöpferisches Personsein äußert."[364]

---

[364] Ebd., 342.

Der Mensch kann sein Selbst in der Erfahrung erleben (= „Selbst-Erleben"), wobei sein Selbst nicht ein Produkt seiner Selbstreflexion sein kann. Eine Selbstkonstitution des Menschen ist nicht möglich. Obwohl das „Selbst-Erleben" die Bedingung der Möglichkeit für Erfahrung überhaupt darstellt, werden die Ereignisse, in denen sich das Selbst erlebt, durch den handelnden bzw. kommunikativen Umgang mit der Mitwelt bestimmt, d.h. das menschliche Selbst drückt sich durch handelnden und kommunikativen Umgang aus. In seinem Handeln muß der Mensch versuchen, der durch die Christusoffenbarung vermittelten Selbstgewißheit gerecht zu werden, da die Christusoffenbarung den Horizont bildet, auf den hin der Mensch den sinnvollen Zusammenhang seines Lebens als ein Zusammen von Sein-Sollen-Selbst erkennen kann. Sein Handeln kann der Mensch aktiv beeinflussen. Dadurch stellt es den raumzeitlichen Aspekt dar, der den im Glauben bestehenden, transzendenten Zusammenhang von Sein-Sollen-Selbst als der Wahrheit und Wirklichkeit Gottes (= die Gottebenbildlichkeit des Menschen) zum Ausdruck bringen muß. Durch die raumzeitliche Eingebundenheit des Handelns ist diesem jedoch schon in gewisser Weise ein Rahmen gesetzt, der durch bestimmte Traditionen, die verschiedene „Handlungsmuster" (Gesetzgebung, Staatsform, usw.) impliziert, beeinflußt ist.

Der Mensch weiß aufgrund des seiner Gottebenbildlichkeit entsprechenden Zusammenhangs von Sein-Sollen-Selbst um den transzendenten Konstitutionsgrund des Sollens. Dementsprechend kann er sich nicht das Ziel seiner Entwicklung selbst definieren, wenngleich, wie gerade erwähnt, bestimmte „Rahmenbedingungen" des Handelns vorliegen. Er kann nicht definitiv sagen, wie sein Menschsein bezüglich des Sollens auszusehen hat, auch wenn ihm Strukturen vorgegeben sind. Diese Strukturen können durch ein solches der Gottebenbildlichkeit entsprechendes Handeln zwar nicht in ihrer Gesamtheit durchbrochen werden, dennoch ist es möglich, sie in bestimmten Situationen zu aktualisieren bzw. neu zu durchdenken. Der Mensch muß sich demzufolge auch in seinem Handeln immer einer gewissen Unsicherheit bewußt sein. Ethik darf nicht getrennt von Glaube an - nicht definitives Wissen um - göttliche Wahrheit und Wirklichkeit gesehen werden.[365] Niebuhr schreibt:

„The first change which the moral law undergoes with the revelation of God`s person is in its imperativeness. When God reveals himself the moral law no longer states what we demand of ourselves in order that we may become what we ought to be; from this demand we can escape by asking why we ought to be anything else than we are. It no longer states what the best reason of the best men demands, a requirement which may also be evaded through our doubt of reason`s power and of the goodness of our best reasoners. Nor does it continue to convey the demand of our society, which we can avoid by getting out of society; now it is not just the decree of life from which we may take refuge in voluntary or involuntary death. Through the revelation of God the moral law is known as the demand of one from whom there is no flight, who respects no persons, and makes no expectations, whose seriousness of purpose will not suffer that his work be destroyed by the evasions and transgressions of this pitiful, anarchic creature who sets up his little kingdoms in rebellion against God`s sovereignty, and proclaims ever new Messiahs to lead him to new disasters in the name of his own righteousness."[366]

Trotzdem *muß* der Mensch handeln, d.h. mit seiner Mitwelt kommunizierend in Kontakt stehen. Handlung und Kommunikation[367] ist der grundlegende Punkt innerhalb raumzeitlich bedingten Menschseins (wobei natürlich der Inhalt dieser Handlung und Kommunikation nicht als absolut gesetzt werden darf, da der konstituierende Moment beider das „Selbst-Erleben" ist). Kommunikation und Handlung bilden „das

---

[365] Vgl. Barth, KD I/2, 877.
[366] Niebuhr, Revelation, 165.

Fundament menschlicher Existenz"[368], weil nur durch sie von Offenbarung als Offenbarung *für* jemanden gesprochen, bzw. das „Selbst-Erleben" als Erleben des eigenen Selbst erfahren werden kann. Soll wirklich von Offenbarung gesprochen werden, *muß* sie sich im raumzeitlich bedingten Leben des Menschen „zeigen". Das Leben des Menschen hängt jedoch unabdingbar mit dem Umgang mit seiner Um- und Mitwelt zusammen. Offenbarung und ein, in seiner raumzeitlichen Bedingtheit, als normativ zu betrachtendes Verständnis menschlicher Handlung und Kommunikation können nicht voneinander getrennt gesehen werden.[369]

Aus Offenbarung resultiert Handlung und Kommunikation. Dies gilt insbesondere für den Glauben an die Christusoffenbarung. Der liebende Umgang mit allen Menschen muß das immer wieder neu anzustrebende Sollen des je einzelnen darstellen und ist *der* Ausdruck des Glaubens an christliches Offenbarungsgeschehen, basierend auf der Christusoffenbarung (vgl. 1. Kor 13, 13). Die Offenbarung des Zusammenhangs von Sein-Sollen-Selbst darf nicht, wie Barth sagt, den Geruch von Lebensfremdheit haben,[370] sondern muß in der Erfahrung des Menschen eine Rolle spielen. Ebenso plädiert Rahner mit seinem Konzept der „Kongenialität" des Menschen für die göttliche Liebe, die mit der „Idee Christi" zusammenwirkt, für ein sich explizit in Handlung ausdrückendem Sollen. Beide verbinden mit dem Absolutheitsanspruch der Christusoffenbarung jedoch ein auf diese fokusiertes Sollen, das sich in einer gewissen Weise ebenfalls als absolut behauptet, wenn auch als eine immer vorhandene Offenheit in der Absolutheit, die die raumzeitliche Gebundenheit des Handelns jedoch nicht wirklich in den Blick nimmt.

---

[367] Kommunikation und Handlung bedingen sich gegenseitig, da Kommunikation selbst bereits handelnden Umgang mit dem Mitmenschen bedeutet, und Handlung ein kommunikatives Mitteilen (kann auch nonverbal sein) ist.
[368] Vgl. dazu Copray, Kommunikation und Offenbarung, 248.
[369] Copray (ebd., 249), spricht in diesem Zusammenhang von „unabdingabare(n), zusammenhängende(n) reale(n) (d.h. praktischen) Bedingungen realer menschlicher Kommunikation", der diese Attribute deswegen zu eigen sind, weil sie in ihrer raumzeitlichen Bedingtheit Wahrheit und Wirklichkeit für sich behaupten muß, um überhaupt von Menschen als sinnvoll betrachtet werden zu können.
[370] Vgl. Barth, KD I/2, 881.

Glaube an Absolutheit hingegen weiß um die Offenheit, d.h. Unüberbrückbarkeit, zwischen sich selbst und der Absolutheit. Danach muß sich auch dem diesen Glauben entsprechendes Handeln richten. Offenheit diesbezüglich bedeutet dann, Handeln, das sich immer wieder nach dem in eschatologischer Ferne liegendem Ziel ausrichtet, das in der, durch Raum und Zeit bedingten, Kluft zwischen Glaube an Absolutheit und transzendentaler Absolutheit vorgegeben ist, ähnlich dem Verständnis zweier Linien, die sich im Unendlichen schneiden, wobei die eine davon eine Gerade, die andere eine zwar kontinuierliche, jedoch wellenförmige Linie, darstellt. Handeln, als Ausdruck von wahrem Menschsein, das im Glauben an die Gottebenbildlichkeit als Zusammenhang von Sein-Sollen-Selbst besteht, und damit der Glaube selbst (als Grundlage des Handelns), kann sich folglich nicht, wie von Niebuhr vorgeschlagen, an der „external history" ausrichten, weil diese ebenfalls keinen Anspruch auf Absolutheit erheben kann. Glaube und daraus resultierendes Handeln müssen vielmehr als Richtlinie anderen Glauben und sich danach richtendes Handeln Ernst nehmen. Nur so kann jeglicher Glaube und jegliches Handeln dem Anspruch, den die transzendentale Wahrheit und Wirklichkeit an sie stellen, versuchen gerecht zu werden.

V. Zusammenfassung und Fazit

Der Begriff der Offenbarung weist den Menschen auf den Zusammenhang von Sein-Sollen-Selbst hin, der in der göttlichen Transzendenz verankert gesehen werden muß. Diese Transzendenz Gottes wird als personal verstandene Transzendenz über Offenbarungsgeschehen vermittelt. Dabei geht die Transzendenz Gottes jedoch nicht im Offenbarungsgeschehen auf, so daß von einer direkten Verbindung zwischen beiden gesprochen werden kann. Eine solche Verbindung zwischen beiden ist ausschließlich über den Glauben möglich. Folglich kann beim Offenbarungsgeschehen aufgrund seiner „Passivität" zwar von einem transzendenten Ausgangspunkt gesprochen werden, der aber im religiösen, insbesondere im christlichen Offenbarungsverständnis, nur über den Glauben mit dem Christusgott in Verbindung gebracht werden kann. Allein der Glaube macht es möglich, daß aus raumzeitlicher Bedingtheit heraus auf die Transzendenz als personalem trinitarischen Gott geschlossen werden kann. Ansonsten würde die Transzendenz namenlos bleiben, obwohl sie vom Menschen erkannt wird, auch wenn er sich weigert, sie anzunehmen. Sie ist deswegen von Bedeutung, weil der Mensch Erfahrungen, zum einen seine kontingente Existenz (und deren Unbeeinflußbarkeit) nicht bestreiten kann, zum anderen aufgrund des außerhalb seines Selbst liegenden Konstitutionsgrundes des „Selbst-Erlebens". Darüber hinaus macht er in seinem raumzeitlichen bedingten Dasein Erfahrungen, die nicht wiederum aus anderen Erfahrungen ableitbar sind, sondern etwas Neues darstellen.

Nun kann daraus nicht automatisch geschlossen werden, daß es sich bei der Transzendenz um den christlichen Gott in seinem trinitarischen Sein handelt. Dieser Gott kann nicht einfach als für alle Menschen gleichwesentlich vorausgesetzt werden. Barth unternimmt diesen Versuch, indem er mit der „immanenten" Trinitätslehre beginnt und sie die für alle Menschen geltende, absolute Wahrheit und Wirklichkeit sein läßt. Dabei läßt er jedoch außer acht, daß das innertrinitarische Sein Gottes dasjenige ist, das der *christliche Glaube* Gott selbst *zuschreibt*. Obwohl er zwar weiterhin den göttlichen Geheimnischarakter betont, braucht er einen Ausgangspunkt, von dem ein solcher Charakter behauptet werden kann, um nicht mit reiner Spekulation (die nun einmal nicht als absolut angesehen werden kann) zu beginnen. Als Ausgangspunkt und folglich als *die* Wahrheit nimmt Barth den Christusgott, der allen und jedem/jeder übergeordnet wird. In seinem Offenbarungskonzept muß Barth den Absolutheitsanspruch des Christentums „von außen" behaupten, weil er den Christusgott, wie er ihn aus christlicher Tradition kennt, als absolut behauptet und nicht als absolut *glaubt*.

Der Ausgangspunkt für ein Verständnis von Offenbarung muß beim Menschen selbst angenommen werden. Auch hierbei besteht die Gefahr, einem Anspruch auf Absolutheit zu unterliegen, indem das innerste menschliche Wesen als vollkommen einheitlich und *a priori* vorherbestimmt angesehen wird. Von einem solchen apriorisch vorgegebenen „Koordinatensystem" im menschlichen Wesen geht Rahner aus. Er schreibt *jedem* Menschen die gleichen Grundlagen zu, die ihn in seinem Menschsein ausmachen, weil er den Inhalt, vor allem des menschlichen „Selbst"-Verständnisses, vollkommen definiert. Auch bei ihm stammt diese Definition jedoch aus christlicher Tradition, was letztendlich zu einem Absolutheitsanspruch des Christentums „von innen" führt. Sowohl bei Rahner als auch bei Barth wird die göttliche Transzendenz durch menschliche Festlegungen (im Sinne eines mathematischen Axioms) ins Weltimmanente „hereingeholt" und darin aufgelöst. Die Transzendenz, die durch ihre Bestimmung eine besondere Bedeutung für eine *gewisse Anzahl* von Menschen hat, wird in eben dieser besonderen Bedeutung *verallgemeinert*.

Soll jedoch der Transzendenz eine wirkliche Bedeutung für das Menschsein gegeben werden, kann nur durch den *Glauben* aus der Weltimmanenz auf die *Bedeutung* der Transzendenz (nicht auf die Transzendenz selbst) geschlossen werden. Transzendenz in ihren konstitutiven Momenten und ihrem Vorgegebensein für den Menschen führt nicht notwendigerweise zum Glauben. Glaube jedoch kann eine sinnvolle Verbindung zwischen Weltimmanenz und Transzendenz herstellen, indem er den Menschen den Zusammenhang von Sein-Sollen-Selbst vor Augen führt und ihn ein erkennbar zusammenhängendes Leben führen läßt (um nicht den Begriff des „ganzheitlichen" Lebens überzustrapazieren).

Im christlichen Glauben ist Jesus Christus der Mittler zwischen raumzeitlicher Bedingtheit des Menschen (= Weltimmanenz) und göttlicher Absolutheit (= Transzendenz). Dabei kann die Offenbarung in Jesus Christus aber nicht allein für sich stehen, so als ob sie durch den Menschen genau so anerkannt werden muß wie seine Abhängigkeit von der Transzendenz. Vielmehr bedarf es wiederum des Glaubens an die göttliche Offenbarung in Jesus Christus, um Jesus Christus als den Sohn Gottes anzuerkennen. Erst im Glauben, der wiederum durch raumzeitliche Gegebenheiten beeinflußt ist, kann von *der* göttlichen Offenbarung in Jesus Christus gesprochen werden. Dann erst kann von der Sohnschaft Christi als vollkommenes Erkennen des Zusammenhangs von Sein-Sollen-Selbst, d.h. von wahrem Menschsein, gesprochen werden, das vom Menschen Jesus von Nazareth in seiner raumzeitlichen Bedingtheit ebenfalls vollkommen gelebt wurde.

LITERATUR

Abkürzungen für Zeitschriften, Serien, Lexika und Quellenwerke siehe Schwertner, Siegfried, Internationales Abkürzungsverzeichnis für Theologie und Grenzgebiete (IATG), Berlin (u.a.), 1974.

Primärliteratur:

Barth, Karl,
— Die Kirchliche Dogmatik (KD) I/1. Die Lehre vom Wort Gottes. Prolegomena zur Kirchlichen Dogmatik, Zollikon (u.a.) 6. Aufl. 1952.
— KD I/2. Die Lehre vom Wort Gottes. Prolegomena zur Kirchlichen Dogmatik, Zollikon (u.a.) 1945.
— KD II/1. Die Lehre von Gott, Zollikon (u.a.) 1948.
— KD III/1. Die Lehre von der Schöpfung, Zollikon (u.a.) 2. Aufl. 1947.
— KD III/2. Die Lehre von der Schöpfung, Zollikon (u.a.) 1948.
— KD IV/2. Die Lehre von der Versöhnung, Zollikon (u.a.) 1955.
— KD IV/4. Das christliche Leben (Fragment). Die Taufe als Begründung des christlichen Lebens, Zürich 1967.
— Einführung in die evangelische Theologie, Gütersloh 3. Aufl. 1980.

Rahner, Karl,
— Schriften zur Theologie, Bd. I, Einsiedeln (u.a.) 1954, 8. Aufl. 1967.
— Schriften zur Theologie, Bd. III, Einsiedeln (u.a.) 1956, 7. Aufl. 1967
— Schriften zur Theologie, Bd. VI, Einsiedeln (u.a.) 1965, 2. Aufl. 1968.
— Schriften zur Theologie, Bd. VIII, Einsiedeln (u.a.) 1967.

— Schriften zur Theologie, Bd. IX, Einsiedeln (u.a.) 2. Aufl. 1972.
— Schriften zur Theologie, Bd. X, Einsiedeln (u.a.) 1972.
— Schriften zur Theologie, Bd. XV. Wissenschaft und christlicher Glaube, Einsiedeln (u.a.) 1983.
— Der dreifaltige Gott als transzendenter Urgrund der Heilsgeschichte, in: Feiner, Johannes / Löhrer, Magnus (Hg.), MySal. Grundriß heilsgeschichtlicher Dogmatik. Die Heilsgeschichte vor Christus, Bd. 2, Einsiedeln (u.a.) 1967.
— Die Logik der existentiellen Erkenntnis bei Ignatius von Loyola, in: ders., Das Dynamische der Kirche (QD 5), Freiburg 1958.
— Grundkurs des Glaubens. Einführung in den Begriff des Christentums, Freiburg im Breisgau (u.a.), 1976.
— Hörer des Wortes. Zur Grundlegung einer Religionsphilosophie, 2. Aufl. München 1963.
— Transzendentaltheologie, in: Ders. (Hg.), SM, Bd. IV, Freiburg (u.a.) 1996.
— Wagnis des Christen, Freiburg (u.a.) 1974.

Rahner, Karl / Vorgrimler, Herbert,
Kleines theologisches Wörterbuch, Freiburg im Breisgau 10. Aufl. 1976.

Rahner, Karl / Raffelt, Albert,
Anthropologie und Theologie, in: Böckle, Franz (u.a.) (Hg.), CGG, Teilband 24, Freiburg 2. Aufl. 1981.

Sekundärliteratur:

Aland, Kurt / Eltester, Walther (Hg.),
Geist und Geschichte in der Reformation, FS Hanns Rückert, Berlin 1966.

Bernhardt, Reinhold,
— Der Absolutheitsanspruch des Christentums. Von der Aufklärung bis zur Pluralistischen Religionstheologie, Gütersloh 1990.

— Offenbarung als Erschließungsgeschehen (Manuskript).

Bokwa, Ignacy,
 Christologie als Anfang und Ende der Anthropologie. Über das gegenseitige Verhältnis zwischen Christologie und Anthropologie bei Karl Rahner (Europäische Hochschulschriften: Reihe 23, Theologie; Bd. 381), Frankfurt am Main (u.a.) 1990.

Busch, Eberhard,
 Die große Leidenschaft. Einführung in die Theologie Karl Barths, Gütersloh 1998.

Cobb Jr., J.B. / Griffin, D.R.,
 Prozeßtheologie. Eine einführende Darstellung (Theologie der Ökumene, Bd. 17), Göttingen 1979.

Copray, Norbert,
 Kommunikation und Offenbarung. Philosophische und theologische Auseinandersetzungen auf dem Weg zu einer Fundamentaltheorie der menschlichen Kommunikation (Themen und Thesen der Theologie), Düsseldorf 1983.

Dalferth, Ingolf U. / Jüngel, Eberhard,
 Person und Gottebenbildlichkeit, in: Böckle, Franz (u.a.) (Hg.), CGG, Teilband 24, Freiburg 1981.

Faber, Eva-Maria,
 Ökonomie (I) (I. Systematisch-teologisch) in: LThK, Bd. 7, Freiburg im Breisgau (u.a.) 3. Aufl. 1998.

Flasch, Kurt,
 Was ist Zeit? Augustinus von Hippo. Das XI. Buch der Confessiones. Historisch-philosophische Studie. Text – Übersetzung - Kommentar, Frankfurt am Main 1993.

Ford, David F. (Ed.),
 The Modern Theologians. An Introduction to Christian Theology in the Twentieth Century, Oxford 1997, 2. Aufl. 1998.

Frey, Christofer,
 Die Theologie Karl Barths. Eine Einführung, Frankfurt am Main 1988.

Greiner, Friedemann,
 Die Menschlichkeit der Offenbarung. Die transzendentale Grundlegung der Theologie bei Karl Rahner (Münchener Universitäts-Schriften, Fachbereich Evangelische Theologie, Bd.2), München 1978.

Gruber, Lambert,
 Transzendentalphilosophie und Theologie bei Johann Gottlieb Fichte und Karl Rahner (Disputationes Theologicae, Bd. 6), Frankfurt am Main 1978.

Herms, Eilert,
— Offenbarung und Glaube. Zur Bildung des christlichen Lebens, Tübingen 1992.
— Offenbarung (V. Theologiegeschichte und Dogmatik), in: TRE, Bd. 25, Berlin (u.a.) 1995.

Hilberath, Bernd Jochen,
 Karl Rahner. Gottgeheimnis Mensch., Mainz 1995

Hünermann, Peter,
 Hypostase, hypostatische Union, in: LThK, Bd. 5, Freiburg (u.a.) 1996.

Jenson, Robert W.,
 Karl Barth, in: David F. Ford (Ed.), The Modern Theologians. An Introduction to Christian Theology in the Twentieth Century, Oxford 1997, 2. Aufl. 1998.

Jones, F. Stanley,
    Ebionäer/Ebioniten, in: RGG Bd. 2, Tübingen 4. Aufl. 1999.

Kant, Immanuel,
    Kritik der reinen Vernunft, Würzburg 1976 (gemäß der 2. Aufl. von 1787 der Originalausgabe).

Kramer, Rolf,
    Phänomen Zeit. Versuch einer wissenschaftlichen und ethischen Bilanz (Erfahrung und Denken. Schriften zur Förderung der Beziehungen zwischen Philosophie und Einzelwissenschaften, Bd. 84), Berlin 2000.

Kripke, Saul A.,
    Name und Notwendigkeit, übers. von Hermann Vetter, Hamburg 1976.

Link, Christian,
    Die Entscheidung der Christologie Calvins und ihre theologische Bedeutung. Das sogenannte Extra Calvinisticum, in: EvTh, 47. Jahrgang 1987.

Löhr, Winrich,
    Doketismus (I. Christentum), in: RGG, Bd. 2, Tübingen 4. Aufl. 1999.

Merkel, Helmut,
    Nazoräer/Nazarener, in: EKL, Bd. 3, Göttingen 3. Aufl. 1992.

Mühlenberg, Ekkehard,
    Doketismus, in: EKL, Bd. 1, Göttingen 3. Aufl. 1986.

Neuhaus, Gerd,
    Transzendentale Erfahrung als Geschichtsverlust? Der Vorwurf der Subjektlosigkeit an Rahners Begriff geschichtlicher Existenz und eine weiterführende Perspektive transzendentaler

Theologie (Themen und Thesen der Theologie), Düsseldorf 1982.

Niebuhr, Richard,
The Meaning of Revelation, New York 1946.

Pöppel, Ernst,
Erlebte Zeit und die Zeit überhaupt. Ein Versuch der Integration, in: Gumin, H./Meier, H., (Hg.), Die Zeit. Dauer und Augenblick, München 1989.

Ramsey, Ian,
Religious Language. An Empirical Placing of Theological Phrases, New York 1957.

Schöpsdau, Walter,
Extra Calvinisticum, in: RGG, Bd. 2, Tübingen 4. Aufl. 1999.

Schwöbel, Christoph,
God: Action and Revelation (Studies in Philosophical Theology, no. 3), Kampen 1992

Simons, Eberhard,
Philosophie der Offenbarung. Auseinandersetzung mit „Hörer des Wortes" von Karl Rahner, Stuttgart (u.a.) 1966.

Waldenfels, Hans,
Einführung in die Theologie der Offenbarung, Darmstadt 1996.

Waldrop, Charles T.,
Karl Barth's Christology. Its Basic Alexandrian Character (Religion and Reason 21), Berlin (u.a.) 1984.

Weber, Otto,
Karl Barths Kirchliche Dogmatik. Ein einführender Bericht zu den Bänden I/1 bis IV/3,2, Neukirchen-Vluyn, 1950, 9. Aufl. 1981.

Weger, Karl-Heinz,
   Karl Rahner. Eine Einführung in sein theologisches Denken, Freiburg im Breisgau (u.a.) 1978.

www.ingramcontent.com/pod-product-compliance
Lightning Source LLC
Chambersburg PA
CBHW020125010526
44115CB00008B/971